Los Hervideros [B10] **26**

Mit Wucht brandet das Meer an die Klippen, presst sich durch die Felsritzen und schießt in haushohen Fontänen in die Lüfte. Stundenlang möchte man dem Schauspiel der „Kochenden Kessel" zuschauen, wären da nicht noch eine smaragdfarbene Lagune und das Dorf El Golfo. Dort lässt sich fast immer ein schöner Sonnenuntergang genießen: mit Inselwein und einer fischigen Tapa (s. S. 42).

081lr Abb.: gs

48 ### Teguise [H7]

Durch die alte Hauptstadt weht der Geist verflossener Zeiten. An kopfsteingepflasterten Gassen stehen Kirchen, Klöster und Adelsresidenzen. Darüber thront eine Burg, ein ehemaliger Piratenausguck. Werktags hat man Teguises Läden und Lokale fast für sich allein, sonntags verwandelt sich die Stadt in einen Open-Air-Markt: Inselbauern, Alt-Hippies und Neu-Aussteiger verkaufen all das, was sie produziert haben (s. S. 65).

071lr Abb.: gs

La Caleta de Famara [H5] **56**

Am Fuß gigantischer Klippen liegt ein 4 km langer Strand, an den wilde Wellen rollen. Gleich daneben kauert ein Fischerdorf mit kleinen Häusern und Pisten, auf denen sich weißer Sand stapelt. Barfüßige Männer sitzen auf dem Bürgersteig, Hunde streunen umher – ein Hauch von Wildwest (s. S. 70)!

070lr Abb.: pdl

La Graciosa

Der Name „die Anmutige" erstaunt: Mit ihren vier erloschenen Vulkanen und wüsten Ebenen wirkt die kleine Insel vor Lanzarotes Nordküste eher herb und wild. Waren es vielleicht die schönen Strände und die fantastische Aussicht, die die Namensgeber inspirierten? Spaß macht bereits die Anfahrt: Erst steigt das Boot über meterhohe Dünung, dann biegt es in die stille Meerenge ein (s. S. 83).

069lr Abb.: gs

Liebe Grüße ...

037lr Abb.: gs

... von den Feuerbergen,

wo Dutzende von Vulkanen von Rostrot bis Violett schimmern. Mitten im Fluss erstarrte Lavaströme erinnern daran, dass die letzten Ausbrüche auf Lanzarote nicht lange zurückliegen. In der Gesteinswüste fühlt man sich ein wenig wie auf einem andern Stern – jede noch so kleine in den Gesteinstrümmern aufkeimende Pflanze erscheint als Sensation (s. S. 47).

074lr Abb.: pdl

... von den Papageien-Stränden

mit Badebuchten wie aus dem Bilderbuch: mit weißem Sand, schwarzen Klippen und türkisfarbenem Meer. Die schönste Anreise erfolgt im Boot von Playa Blanca, der einsamste Fleck ist der „Strand des Meeraals" am äußersten Südwestkap (s. S. 39).

075lr Abb.: pdl

... von der Weinstraße,

einem höchst ungewöhnlichen Anbaugebiet: Die Reben wachsen in tiefen Lavamulden, die sich tausendfach die Hänge hochziehen. Eine Straße quert das Weintal, in dem mehrere Kellereien zur Weinprobe einladen. Die urigste von ihnen ist die abseits gelegene Bodega El Chupadero (s. S. 47).

... aus der Lavaröhre,

einem kilometerlangen Vulkantunnel. Er ist von mehrstöckigen Stollen und schmalen, verschlungenen Wegen durchzogen, raffiniert ausgeleuchtet und voller Geheimnisse. Früher diente er den Lanzaroteños als Versteck vor Piraten, die immer wieder die Insel überfielen (s. S. 76).

Lanzarote

An Lanzarote scheiden sich die Geister. Für die einen ist es eine Gesteinswüste, für die anderen ein glücksverheißendes Nirwana. Für mich ist die Insel immer eine Reise wert: Ich liebe ihr gleißendes Licht und ihre vielerorts wilden Küsten, die Dörfer mit den kalkweißen Häusern und die Landschaftskunstwerke von César Manrique. Nirgendwo sonst auf den Kanaren ist es so gut gelungen, Landschaft, Architektur und Kunst in Einklang zu bringen. So wurde eine ehemalige Artilleriefestung zu einem grandiosen Aussichtspunkt hoch auf der Klippe, ein alter Steinbruch zu einem meditativen Kaktusgarten und eine vermüllte Lavahöhle zu einem unterirdischen Konzertsaal. Und ja, auch die „Gesteinswüste" hat's mir angetan: Wo sonst kann man so anschaulich erleben, wie sich unsere Erde formte? An den wenige Hundert Jahre alten Feuerbergen erahnt man, mit welch explosiver Kraft das glühende Magma an die Erdoberfläche schoss und wie es sich über die Insel ergoss. Wohin man schaut, sieht man im Lauf erstarrte Ströme und aufgebrochene Lavaschollen, aufgerissene Krater und hohe Kegel. So ungewöhnlich die Landschaft auch ist, noch ungewöhnlicher ist das, was die Menschen aus ihr gemacht haben. Wo immer es ging, haben sie gesät. Selbst in den Aschetälern am Rand der Feuerberge ziehen sie Weinreben. Und der Tropfen schmeckt so gut, dass er bei internationalen Wettbewerben zuhauf Preise abräumt. Zum Gläschen Wein ein frischer Fisch im Lokal, dazu Blick aufs Meer und eine steife Brise – was will man mehr?

Der Autor

Dieter Schulze studierte Literatur- und Sozialwissenschaften und promovierte über modernes Theater. Doch ein Stubenhocker wollte er nicht werden – so hat er seine Wanderlust zum Beruf gemacht und viele Reisebücher geschrieben. Seine besondere Liebe gilt den Kanaren, wo er die Wintermonate verbringt: „Er kommt im Herbst mit den Wandervögeln und zieht im Frühjahr mit ihnen von dannen", spötteln seine kanarischen Freunde. Frucht der langen Aufenthalte auf den Inseln sind über zehn Kanarenbände, bei REISE KNOW-HOW erschienen „Fuerteventura" und „Gran Canaria" sowie in der Kauderwelsch-Reihe der Titel „Spanisch für die Kanarischen Inseln". Nach Lanzarote kehrt er stets gern zurück, denn er liebt den Kontrast zwischen den schwarzen Vulkanen und den weißen Dörfern, dazu die vielen kleinen versteckten Strände. Er durchstreifte Lanzarote zu Fuß, per Rad und im Auto, testete Unterkünfte und Restaurants. Den Lesern dieses Buches empfiehlt er, die „schönsten Wochen des Jahres" nicht am Hotelpool zu verbringen. Erkunden Sie Lanzarotes Feuerberge!

Inhalt

◁ *Das Kamel – nicht wegzudenken von der Halbwüsteninsel (Foto: 047lr pdl)*

Wanderungen

Benutzungshinweise

Orientierungssystem

Die im Kapitel „Orte und Regionen"
beschriebenen Sehenswürdigkeiten sind
mit einer **fortlaufenden magentafarbenen
Nummer** gekennzeichnet, die sich als Orts-
marke im Faltplan wiederfindet. Steht die
Nummer im Fließtext, verweist sie auf die
Beschreibung dieser Sehenswürdigkeit.
Die Angabe in **eckigen Klammern** verweist
auf das Planquadrat im Faltplan oder auf
den Ortsplan. Beispiel:

46 **Fundación César Manrique** ★ ★ ★ [H8]

Alle weiteren Points of Interest wie Unterkünfte, Restaurants oder Cafés sind
mit einer Nummer in **spitzen Klammern**
versehen. Anhand dieser eindeutigen
Nummer können die Orte in unseren spe-
ziell aufbereiteten Luftbildkarten unter
http://it-lanzarote.reise-know-how.de
lokalisiert werden. Beispiel:

❯ **Bodegón Las Tapas** €€ <042>

Beginnen die Points of Interest mit einem
farbigen Quadrat, so sind sie zusätzlich im
jeweiligen Ortsplan eingezeichnet:

■ **Miramar** €€ <005>

Preiskategorien

Restaurants

Die Preise gelten für ein Hauptgericht mit
Nachspeise und Getränk.

€	bis 15 €
€€	15–25 €
€€€	ab 25 €

Unterkünfte

Die Preise gelten jeweils für ein **Doppelzimmer ohne Frühstück**. Für ein Einzelzimmer zahlt man in der Regel 70 % des
Doppelzimmer-Preises.

€	bis 45 €
€€	45–90 €
€€€	90–130 €
€€€€	über 130 €

Abkürzungen

Av.	*Avenida*
Ctra.	*Carretera* (Straße)
C.C.	*Centro Comercial*
	(Einkaufszentrum)

Exkurse zwischendurch

Impressum

Dieter Schulze

InselTrip Lanzarote

erschienen im
REISE KNOW-HOW Verlag Peter Rump GmbH,
Osnabrücker Str. 79, 33649 Bielefeld

© REISE KNOW-HOW Verlag Peter Rump GmbH

1. Auflage 2013
Alle Rechte vorbehalten.

ISBN 978-3-8317-2218-1
PRINTED IN GERMANY

Herausgeber: Klaus Werner, Ulrich Kögerler
Lektorat: amundo media GmbH
Layout: amundo media GmbH
Karten: Ingenieurbüro B. Spachmüller,
amundo media GmbH
Druck und Bindung: Media-Print,
Paderborn
Fotos: siehe Bildnachweis Seite 143
Anzeigenvertrieb: KV Kommunalverlag
GmbH & Co. KG, Alte Landstraße 23,
85521 Ottobrunn, Tel. 089 928096-0,
info@kommunal-verlag.de

Dieses Buch ist erhältlich in jeder Buchhandlung Deutschlands, der Schweiz, Österreichs, Belgiens und der Niederlande. Bitte informieren Sie Ihren Buchhändler über folgende Bezugsadressen:
Deutschland: Prolit GmbH, Postfach 9, D-35461 Fernwald (Annerod) sowie alle Barsortimente
Schweiz: AVA Verlagsauslieferung AG, Postfach 27, CH-8910 Affoltern
Österreich: Mohr Morawa Buchvertrieb GmbH, Sulzengasse 2, A-1230 Wien
Niederlande, Belgien: Willems Adventure, www.willemsadventure.nl

Wer im Buchhandel kein Glück hat, bekommt unsere Bücher auch über unseren Büchershop im Internet:
www.reise-know-how.de

Wir freuen uns über Kritik, Kommentare und Verbesserungsvorschläge:
info@reise-know-how.de

Latest News

Unter **www.reise-know-how.de** werden regelmäßig aktuelle Ergänzungen und Änderungen der Autoren und Leser zum vorliegenden Buch bereitgestellt. Sie sind auf der Produktseite dieses InselTrip-Titels abrufbar.

www.reise-know-how.de
› Ergänzungen nach Redaktionsschluss
› kostenlose Zusatzinfos und Downloads
› das komplette Verlagsprogramm
› aktuelle Erscheinungstermine
› Newsletter abonnieren
Verlagsshop mit Sonderangeboten

Orte und Regionen

001lr Abb.: pdi

Lanzarote im Überblick

Die großen Ferienorte

Lanzarotes Resorts liegen an der sonnensicheren und windgeschützten Ost- und Südküste, wo es zugleich die schönsten Strände gibt. Flach fallen sie ins Meer ab, sodass man überall problemlos ins Wasser gelangen kann. Auch sind Brandung und Strömung schwächer als an der Westküste.

Im Norden liegt **Costa Teguise** mit ein paar kleineren Sandbuchten: als gediegener Ferienort mit Fünfsternehotel, königlicher Residenz und Golfplatz gestartet, doch mittlerweile angegraut. Schon vor Jahren wurden ein Jachthafen und eine Promenade in Aussicht gestellt, aber bisher hat sich nichts getan. Costa Teguise ist international, das britische Publikum überwiegt. Auf ihre Bedürfnisse ist vieles zugeschnitten – vom Fish & Chips-Imbiss über Live-Übertragungen der Champions League bis zum Irish Pub.

Auf halber Strecke in Richtung Süden liegt **Puerto del Carmen**, Lanzarotes größtes Resort. Seine Vorzüge sind die langen, von einer Flanierpromenade gesäumten Sandstrände und der kleine Hafen, von dem Fischer- und Ausflugsboote in See stechen. Fast nahtlos schließt sich **Puerto Calero** an, das zwar mit keinem Strand, dafür aber mit einer schicken Marina aufwartet. Einen mondänen Jachthafen bietet auch das im Süden gelegene **Playa Blanca** – unter deutschen Gästen inzwischen die Nummer 1: mit schönen Stränden im Ortsbereich und den noch schöneren, außerhalb gelegenen Playas de Papagayo, einer langen Meerespromenade und einem Fährhafen, von dem man Ausflüge zu den Nachbarinseln unternehmen kann. Leider aber gibt es mittlerweile auch hier Bungalowsiedlungen, die sich landeinwärts ziehen.

Abseits der Ferienzentren

Wer touristische Kunstwelten scheut, macht Urlaub abseits der großen Ferienorte. Die Hauptstadt **Arrecife** ist nicht nur für einen Stopover gut. Zwar ist sie nicht unbedingt eine Schönheit, doch hat sie attraktive Ecken, einen Strand mitten im Ort, eine Lagune mit Fischerbooten und eine kleine Altstadt. Wer in kanarischen Alltag eintauchen will, ist hier an der richtigen Adresse: Vom *café con leche* in der Frühstücksbar bis zum letzten Drink auf der Partymeile bewegt man sich ausschließlich unter Einheimischen.

Wer kleine Dörfer bevorzugt, hat die Qual der Wahl. Unterkünfte gibt es an der Küste und in den Bergen, im Weinanbaugebiet und an Salzfeldern. Nah am Wasser wohnt man in **Caleta de Famara** und **Órzola**, in **Arrieta**, **Punta Mujeres** und **Mala**. Während am Rand der Feuerberge die schmucken Dörfer **Yaiza** und **Uga** Quartier bieten, wohnt man in **Haría** in einem Palmental. Die ehemalige Hauptstadt **Teguise** wartet mit kolonialer Architektur auf. Für Sportler gibt es in **La Santa** ein eigenes Resort; FKKler haben sich in **Charco del Palo** eingerichtet. Und natürlich kann man sich auch auf der vorgelagerten **Wüsteninsel La Graciosa** einquartieren.

◁ *Blick vom Mirador del Río* **61** *über die Meerende nach La Graciosa*

Zwischen Himmel und Meer –
César Manriques Landschaftskunstwerke

Auf keiner Kanareninsel gibt es so viele spektakuläre Landschaftskunstwerke wie auf Lanzarote. Geschaffen hat sie das Allround-Talent César Manrique (1919-1992), der einheimische Traditionen virtuos mit der internationalen Avantgarde vereinte. Zugleich war er ein Kritiker des Massentourismus. Er kämpfte für eine Insel ohne Bettenburgen, auf dass Lanzarotes Schönheit erhalten bleibe. Dabei war ihm klar, dass damit eine exklusive, zahlungskräftige Klientel bedient würde: „Auf einer kleinen Insel wie Lanzarote ist es wie beim Theater. Wenn alle Plätze besetzt sind, gibt es eben keine Karten mehr."

Manriques Werke von Nord nach Süd:

> *Mirador del Río:* Grandioser Aussichtspunkt, krustenartig in eine hohe Klippe integriert - mit Traumblick auf La Graciosa und weitere Felseilande.

66 *Jameos del Agua:* Eine halboffene Höhlen-Lagune, Lebensraum des Albino-Krebses, bildet den Rahmen für ein Café und ein unterirdisches Auditorium.

> *Jardín del Cactus:* Ein Steinbruch in Guatiza, verwandelt in einen meditativen Garten mit Kakteen aus aller Welt.

> *Pueblo Marinero:* Ein Pseudo-Fischerdorf, das dem auf dem Reißbrett entstandenen Resort Costa Teguise Leben einhauchen soll.

> *Fundación César Manrique:* Das ehemalige Wohnhaus des Künstlers, integriert in mehrere Lavablasen und mit Blick auf Vulkane.

> *Monumento al Campesino:* Ein kubistisches Riesendenkmal in Mozaga zu Ehren der Inselbauern, dahinter ein unterirdisches Restaurant und oberiridische Kunsthandwerkstätten.

9 *Castillo de San José:* Dicke Festungsmauern beherbergen ein Museum moderner Kunst in Arrecife.

> *El Diablo:* Im runden Panoramarestaurant mitten in den Feuerbergen wird mit Vulkanhitze gekocht.

Für die meisten Landschaftskunstwerke wird man kräftig zur Kasse gebeten; günstiger ist ein Sammel-„bono" für mehrere Sehenswürdigkeiten (s. Lanzarote preiswert, Seite 121).

002ir Abb.: pdl

⊳ *Renaissance traditioneller Architektur - dank César Manrique (hier: Monumento al Campesino)*

Wie die Insel erkunden?

Nach drei Tagen am Strand bekommt man Lust, das Hinterland zu erkunden – um so mehr, als Lanzarote Ungewöhnliches zu bieten hat! Aufgrund der günstigen Preise (ab 20 € pro Tag) lohnt es sich, einen **Mietwagen** zu nehmen – damit hat man größte Freiheit bei Ausflügen.

Gute **Busverbindungen** gibt es zwischen den Ferienorten und der Hauptstadt (www.intercitybuslanzarote.es); nur von dort kommt man in abgelegene Inselorte. Am Sonntag werden in den Ferienzentren Sonderbusse zum Markt von Teguise eingesetzt

(s. Kap. Einkaufen). **Taxis** sind relativ teuer (anfänglicher Pauschalpreis von ca. 2 € plus 1 € pro Kilometer). Bei größeren Strecken lohnt es sich, vorher einen Festpreis auszuhandeln. Aktive erkunden Lanzarote per **Rad**; Verleihstationen gibt es in allen Ferienzentren (s. Kap. Radfahren).

Per **Schiff** lernt man Lanzarotes Küsten kennen, Ausflugsboote starten in den Häfen von Puerto del Carmen, Puerto Calero und Playa Blanca. Von Órzola im hohen Norden pendeln Mini-Fähren auf die vorgelagerte Insel La Graciosa; von Playa Blanca im Süden fahren Groß-Fähren zur Nachbarinsel Fuerteventura.

Inselsteckbrief

Lage: im Nordosten des kanarischen Archipels, 140 km vom afrikanischen und 1000 km vom spanischen Festland entfernt

Entstehung: Vor 40 Mio. Jahren führten unterseeische Vulkanausbrüche zum Aufbau eines Inselsockels. Vor zehn Mio. Jahren begann Lanzarote über die Meeresoberfläche hinauszuwachsen und ist somit nach Fuerteventura die zweitälteste der Kanarischen Inseln. Die letzten Ausbrüche ereigneten sich 1824.

Höchster Berg: Peñas del Chache im Inselnorden, 671 m

Fläche: 864 km², max. 62 km lang und 21 km breit

Einwohner: 149.000, davon 15 % Ausländer; ca. 60 % der Bewohner sind nicht auf der Insel geboren, sondern im Zuge des Tourismusbooms eingewandert.

Religion: vorwiegend römisch-katholisch

Hauptstadt: Arrecife mit 58.000 Einwohnern

Verwaltung: Die Kanarischen Inseln bilden innerhalb Spaniens eine autonome Region (vergleichbar den deutschen Bundesländern). Diese ist in zwei Provinzen geteilt: Lanzarote gehört mit Fuerteventura und Gran Canaria zur Ostprovinz „Las Palmas de Gran Canaria", Teneriffa bildet mit La Palma, Gomera und El Hierro die Westprovinz „Santa Cruz de Tenerife". Außerdem wird jede Insel von einem Inselrat (Cabildo Insular) regiert, ihm unterstehen die Gemeinden („ayuntamientos").

Wirtschaft: Wichtigste Haupteinnahmequelle ist der Tourismus. Die Landwirtschaft (Tomatenanbau, Ziegenkäse) spielt nur eine regionale Rolle.

Zeit: Westeuropäische Zeit (= mitteleuropäische Zeit minus 1 Std.)

003lr Abb.: gs

❶ Inselhauptstadt Arrecife ★★   [H9]

Lanzarotes Hauptstadt ist nicht unbedingt ein Insel-Highlight, doch aufgrund einiger schöner Ecken einen Ausflug wert. Die Busanbindung ist gut, Traveller bleiben dank preiswerter Unterkünfte gern länger. In Arrecife bewegt man sich ganz und gar unter Einheimischen, nimmt teil am lässigen kanarischen Alltag. Und zur großen Wochenend-Party strömen Leute von der ganzen Insel herbei.

In Arrecife, seit 1852 Hauptstadt Lanzarotes, befinden sich alle wichtigen Institutionen – von der Inselregierung bis zum Gericht und der Marineschule. Über den Fähr- und Fischereihafen kommen die meisten Waren, unmittelbar vor der Haustür befindet sich der internationale Flughafen. Die Einkaufsmöglichkeiten sind – zusammen mit den Großmärkten im Vorort Playa Honda – die besten der Insel. Mittlerweile leben knapp 60.000 Menschen in der Stadt, doppelt so viele wie 1990. Die schnelle Expansion in Spaniens Boom-Jahren hat

ihrem Aussehen leider geschadet – mit gesichtslosen Straßen greift sie weit ins Hinterland aus. Doch attraktiv präsentiert sie sich an der Meeresfront: Spaß macht ein Spaziergang an der Uferpromenade und rund um die Lagune; auch die Festungen und Fußgängerstraßen gefallen. Wer mit dem Bus kommt, steigt am besten am küs-

Wann nach Arrecife?

Am meisten los ist am Vormittag und am Abend, während der Siesta (13–17 Uhr) werden die Bürgersteige hochgeklappt. Machen Sie es den Lanzaroteños nach und verdösen Sie diese Zeit, z. B. im Schatten der Palmen an der Playa del Reducto! „Tote Hose" herrscht auch am Samstagnachmittag und am Sonntag, wenn fast alle Bewohner aufs Land oder an die Strände fahren. Wer die Hauptstadt in Feststimmung erleben will, kommt zur Karnevalszeit im Februar – dann gibt es Maskenbälle, Umzüge und Salsa-Sessions.

⌂ *Eine Lagune mitten in der Stadt – El Charco de San Ginés*

Arrecife, Zentrum

tennahen **Intercambiador** aus, Auto-fahrer, die keine Lust auf nervige Parkplatzsuche haben, steuern die Tiefgarage unter dem Gran Hotel Arrecife an.

➋ Playa del Reducto ★★ [H9]

Der Vorzeigestrand der Hauptstadt ist über 500 m lang und mit feinem hellen Sand bedeckt. Er ist von Palmen gesäumt, die zwar keine akustische, aber doch eine optische Barriere zur Verkehrsstraße bilden. Aufgrund der guten Wasserqualität wurde die **Playa del Reducto** von der EU mehrfach mit der Blauen Flagge ausgezeichnet. Bei Ebbe liegen die Riffs (span. *arrecifes*) trocken: ein ideales Revier für Seidenreiher, die in den vom Meer abgetrennten Tümpeln nach Kleinfischen jagen. Nahe dem Intercambiador, dem kleinen Busbahnhof, beginnt die Uferpromenade, die fast die gesamte Stadt erschließt – ein guter Auftakt zur Stadterkundung!

0 ▬▬▬▬▬▬ 500 m
© REISE KNOW-HOW 2013

Costa Teguise

Calle Augustín de la Hoz Betancort
Av. de Naos

⚓ *Puerto de los Mármoles,*
♜ *Castillo de San José*

Juan de Quesada

Calle Las Golondrins

Puerto de Naos

Calle Bichero

Av. Vargas

Islote del Francés

Essen und Trinken
1 Lilium
5 La Puntilla
6 Bodegón Los Conejeros

Einkaufen
4 Wochenmarkt – Mercado Turístico y Artesanal de Arrecife
10 Markthalle La Recova

Nachtleben
3 Bar Picasso
7 Tambo

Sonstiges
8 Casa de Cultura Agustín de la Hoz
9 Oficina de Información Turística

Sehenswürdigkeiten
❷ Playa del Reducto
❸ Gran Hotel Arrecife
❹ Avenida de la Marina
❺ Castillo de San Gabriel
❻ Calle León y Castillo
❼ Iglesia de San Ginés
❽ Charco de San Ginés

Übernachtung
2 Pensión Cardona
9 Miramar
11 Arrecife Gran Hotel

❸ Gran Hotel Arrecife ★★★ [H9]

Das „Wahrzeichen" von Arrecife ist der 17-stöckige Glaspalast des **Gran Hotel Arrecife**. Es liegt am Ostende des Strandes und prägt die Skyline. 2004 wurde es eingeweiht, nachdem der Vorgängerbau zehn Jahre zuvor ausgebrannt war. Spaß macht es, im gläsernen Lift zum 17. Stock zu schweben. Dort öffnet das Café **Star City** (s. S. 20) mit einer großartigen Aussicht: Man sieht bis auf die Riffs am Meeresgrund hinab, zur Landseite hin überblickt man halb Lanzarote. Beim abendlichen Cocktail schaut man auf ein Lichter- und Sternenmeer. Wer exquisit speisen will, geht nebenan ins Panoramarestaurant **Altamar** (s. S. 20). Lohnenswert ist auch ein Blick hinter das Gran Hotel, wo die Halbinsel **Islote de Fermina** weit ins Meer ausgreift. Dort befindet sich ein nach Plänen von *César Manrique* entworfener Meerespark.

004lr Abb.: gs

☐ *Ein Hingucker –*
Arrecifes Touristeninfo

❹ Avenida de la Marina ★★ [H9]

Folgt man der Straße weiter, passiert man den Parque Islas Canarias, der kein Park, sondern eine minimalistisch möblierte Freifläche ist. Holzstege führen aufs Wasser, gold schimmernde Poller warten auf ankernde Jachten. Kurz darauf beschreibt die Straße einen Knick und heißt fortan Avenida de la Marina. Der breite, begrünte Promenadenabschnitt ist der Corso der Stadt. Hier wird flaniert und geflirtet, Paare sitzen händchenhaltend auf der Kaimauer und genießen das romantische Panorama. Im **Kiosco de la Música**, dem runden Touristeninfo-Pavillon, kann man sich mit Broschüren eindecken. Schräg gegenüber, neben der Hauptpost, öffnet

in einem Bürgerhaus aus dem 19. Jh. das **Kulturhaus**. Ein Blick ins Innere lohnt nicht nur wegen der wechselnden Kunstausstellungen, sondern auch wegen der kuriosen Architektur: Die vom Foyer ins Obergeschoss führende Freitreppe überrascht mit einer Brüstung, in die Meereswesen geschnitzt sind.

■ Casa de Cultura Agustín de la Hoz <001>
  Av. de la Marina 7, zurzeit geschlossen

❺ Castillo de San Gabriel ★★ [H9]

Von der Promenade führt eine Doppelbrücke zum Castillo de San Gabriel, einer Trutzburg anno 1590. Fußgänger erreichen die Festung über die **Kugelbrücke** (Puente de las Bolas), den linken der beiden Zugänge. Seit die Festung nicht mehr als Archäologisches Museum genutzt wird, kann man sie nur besichtigen, wenn eine Ausstellung gezeigt wird. Schön ist der Blick vom Burgdach auf die Stadt.

❯ unregelmäßig geöffnet, vorerst Mo–Sa 10–16 Uhr

❻ Calle León y Castillo ★ [H9]

Arrecifes Einkaufsstraße wird von den Bewohnern liebevoll *La Real,* „die Königliche" genannt. Gern treffen sich hier die Lanzaroteños auf einen Plausch, stetes Grüßen durchweht die Straße. Ältere Läden wechseln ab mit Boutiquen, das Mode-Imperium Zara ist hier ebenso vertreten wie der kleine Traditions-Zigarrenladen. Im Haus Nr. 14 versteckt sich eine Ladenpassage, an der der Zeitgeist vorübergegangen ist. Fast am Ende der Straße stößt man auf das neuere Einkaufszentrum Atlántida mit Supermarkt und Kino.

❼ Iglesia de San Ginés ★ [H9]

Hinter der Einkaufsmeile liegt an einem schattigen Platz die wichtigste Kirche der Stadt. Von außen wirkt das dreischiffige, weiß getünchte Gotteshaus schlicht, sein einziger Schmuck ist der kuppelgekrönte Glockenturm. Innen wird es von dunklen Säulen aus Lavastein gegliedert, darüber spannt sich eine Kassettendecke im Mudéjar-Stil.

❯ **Iglesia de San Ginés,** Plaza de Las Palmas 1, meist tgl. 10–13 Uhr; Messe Mo–Fr 19.30, Sa/So 20 Uhr

❽ Charco de San Ginés ★★★ [I9]

Nach San Ginés, dem Inselheiligen, ist auch die mit dem Meer verbundene Lagune benannt. Ringsum stehen niedrige, weiß verputzte Häuser mit blau gestrichenen Fenstern und Türen. Terrassencafés laden zu einer Pause ein, die **Sala de Arte Municipal** zeigt zeitgenössische Kunst. Auf dem Wasser dümpeln bunte Boote, bei Ebbe liegen sie trocken auf lehmigem Grund. Tagsüber ist der Charco (dt. „Teich", „Tümpel"), ein beliebter Treff, und auch abends, wenn sich das Laternenlicht im Wasser spiegelt, ist er einer der schönsten Winkel von Arrecife.

❯ **Sala de Arte Municipal,** Mo–Fr 10–13, 17–20, Sa 10–14 Uhr

❾ Castillo de San José ★★★ [I9]

Außer dem Castillo de San Gabriel gibt es in Arrecife eine zweite **Festung.** Sie liegt 1,5 km nördlich vom Charco und ist über die verkehrsreiche Küstenstraße erreichbar (eine Promenade ist in Planung). Das Cas-

KLEINE PAUSE

Für Zwischendurch

Von der Fußgängerstraße León y Castillo gelangt man zur Plaza de la Constitución, wo man in zwei stimmungsvollen Cafés einkehren könnte. Schräg gegenüber liegt die **Sala Saramago**, eine nach dem „lanzarotenischen" Literaturnobelpreisträger benannte Kunstgalerie (s. Exkurs „José Saramagos ‚Haus der Bücher'", Seite 54).

tillo de San José entstand 1774–79 als „Arbeitsbeschaffungsmaßnahme": Der spanische König wollte den Exodus der Lanzaroteños von der von Vulkanausbrüchen gebeutelten Insel stoppen, indem er für einige Jahre Arbeit und Brot in Aussicht stellte. „Hungerfestung" nannten denn auch die Bewohner den trutzigen Basaltbau, der keinen Angriff mehr zu fürchten brauchte – die Zeit der Piraterie war vorbei.

1976 wurde die Festung von César Manrique in ein kleines **Internationales Museum für zeitgenössische Kunst** verwandelt. Der dunkle, von einem Tonnengewölbe überspannte Hauptsaal bildet einen kontrastreichen Rahmen für bunt verspielte Bilder von Joan Miró, abstrakte Tableaus von Antonio Tápies und virtuos hingeworfene Skizzen von Pablo Picasso. Ein separater Raum ist Pancho Lasso gewidmet, dem herausragenden Inselbildhauer des 20. Jahrhunderts. Über eine Wendeltreppe steigt man in die Zisterne hinab, wo Panoramafenster den Blick auf Frachter und Fischkutter freigeben. Ein schwarz gestyltes Restaurant serviert teure kanarische Küche, an der Bar kann man sich mit einem Kaffee stärken und das Ambiente auf sich wirken lassen.

❯ **Castillo de San José/MIAC** (Museo Internacional de Arte Contemporáneo), Carretera de Puerto Naos s/n, 10–20 Uhr, Eintritt 4 €, Kinder bis 12 Jahre 2 €; Café 10–24, Restaurant 13–16, 19–23 Uhr

Infos und Reisetipps

■ **Oficina de Información Turística** <002> Pavillon im Parque Municipal (Parque José Ramírez Cerdá), Av. de la Marina s/n, 35500 Arrecife, Tel. 928813174, www.turismolanzarote.com/de/arrecife, Mo–Fr 10–17, Sa 10–13 Uhr

❯ **Taxi:** Stände an der Av. de la Marina sowie vor dem Gran Hotel, Radio Taxi Tel. 928803104

❯ **Busbahnhof Arrecife** <003> Der zentrale Busbahnhof *(Estación de Guaguas)* liegt 2 km nordwestlich des Stadtzentrums an der Vía Medular, von hier gibt es Linienverbindungen zu fast allen Orten der Insel. Den langen Weg zum Busbahnhof kann sich sparen, wer zum Flughafen, nach Puerto del Carmen, Playa Blanca, Femés oder Costa Teguise fahren will: Diese Linien starten auch am *Intercambiador* westlich der Playa del Reducto an der Uferstraße.

Unterkünfte

■ **Arrecife Gran Hotel** €€€ <004> Parque Islas Canarias s/n, Tel. 928800000, www.arrecifehoteles.com, 108 Suiten, 52 Zimmer. Das Fünfsternehotel bietet von den oberen Etagen einen fantastischen Ausblick – Panoramafenster vom Boden bis zur Decke eröffnen eine Fernsicht auf Himmel und Meer. Mit Edelholzparkett und Marmorbad sind die Zimmer komfortabel eingerichtet; fürs Wohlbefinden sorgt ein Spa-Center mit mehreren Saunen, Wassermassagen und Kneipp-Becken sowie einem Außen-Pool mit Jacuzzi (gebührenpflichtig). In der Fitnessabteilung dehnt und streckt man

sich mit Blick auf die Riffs. An Wochenenden und in der Nebensaison gibt es Rabatt.

■ **Miramar** €€ <005> Av. Coll 2, Tel. 928812600, www.hmiramar.com, 85 Zimmer. Das Schönste am Hotel ist der Ausblick: Von der Mehrzahl der Zimmer sowie von der windgeschützten Frühstücksterrasse im 6. Stock bietet sich ein schöner Blick auf das Castillo de San Gabriel. Auch die exzentrische Eingangshalle mit weißen Chaiselongues gefällt.

■ **Pensión Cardona** € <006> Calle Democracia 11, Tel. 928811008, www.hrcardona.com, 50 Zimmer. Traveller fühlen sich hier wohl: Die Pension liegt in einer Seitengasse der Uferstraße, zwei Minuten von der „Vergnügungsmeile" entfernt. Die Zimmer sind sauber und haben ein eigenes Bad, am ruhigsten wohnt man im vierten Stock. Im Souterrain befindet sich eine Cafeteria, die preiswertes Frühstück bietet.

Essen und Trinken

An der Uferpromenade gibt es Bars, Cafés und Konditoreien, wo man für wenig Geld satt wird. Etwas versteckter liegen die folgenden empfehlenswerten Adressen:

■ **Bodegón Los Conejeros** €€ <007> Av. Dr. Rafael González Negrín 9, Mo–Sa ab 20 Uhr. Die gemütliche Bodega schräg gegenüber vom Gran Hotel ist leicht zu übersehen, doch die Suche lohnt: Señor Alberto hat nicht nur viele Weine der Kanaren auf Lager, sondern auch gute Tropfen vom spanischen Festland. Wer Hunger hat, bestellt dazu luftgetrockneten Schinken oder Inselkäse, vielleicht auch eines der Gerichte, die täglich frisch aus Zutaten von der Insel zubereitet werden. Gutes Preis-Leistungs-Verhältnis!

■ **La Puntilla** €€ <008> Av. César Manrique 22, Tel. 928816042, www.res-

Erdöl vor Lanzarotes Küste

2012 hat die konservative spanische Regierung eine wichtige Entscheidung gefällt: Der multinationale Konzern Repsol darf 60 km östlich von der Küste Lanzarotes und Fuerteventuras nach Erdöl bohren. In 3500 m Tiefe, so wird vermutet, lagern riesige Mengen Erdöl und Propangas. Und das könnte der Madrider Regierung zugutekommen: Voraussichtlich 10 % des nationalen Rohölbedarfs würde sie durch die kanarischen Funde abdecken und so 25 Mrd. Euro jährlich beim Erdölimport einsparen können. Industrieminister José Manuel Soria, dessen für Energie zuständiger Staatssekretär früher einen wichtigen Posten bei Repsol bekleidete, drängt auf Eile, denn schon bald will die EU zur Vermeidung von Ölkatastrophen strengere Auflagen bei Bohrungen durchsetzen. Man erinnere sich: 2010 explodierte im Golf von Mexiko eine BP-Plattform, worauf 800 Mio. Liter Öl austraten, die Floridas Küsten auf Jahre verseuchten. Aber auch Repsol hat es eilig: Nachdem 2012 die Gas- und Ölfelder in Argentinien nationalisiert wurden und Repsol seine dortige Basis räumen musste, sucht der Konzern nach neuen profitablen Einsatzorten. Übrigens ist neben Repsol und dem australischen Partner Woodside auch eine deutsche Firma bei dem Kanaren-Projekt mit von der Partie: RWE sicherte sich eine Beteiligung von 20 %.

Die meisten Kanarier – Umfragen sprechen von über 90 % – sind gegen die Bohrungen und tragen ihren Protest auf die Straße (sogar während des Karnevals!). Ihre Wut richtet sich vor allem gegen Soria, den aus Gran Canaria stammenden Industrieminister. Während er die Bohrungen in kanarischen Gewässern billigte, verbot er sie vor der spanischen Festlandsküste wegen der dort bestehenden „Gefahr für den Tourismus". Argumentativen Beistand erhalten die Demonstranten von Tourismusämtern und großen Reiseveranstaltern, die sich fragen: Was geschieht, wenn es auf den Kanaren zu einem Unfall kommt? Der TUI-Umweltbeauftragte Harald Zeiss warnt: „Eine Tragödie würde nicht nur eine Reisesaison ruinieren, sondern hätte auch zur Folge, dass potenzielle Besucher die Kanaren immer mit dem Öl in Verbindung bringen." Und César Muro Benayas, der militärische Oberbefehlshaber der Kanaren, erklärt: „Das Thema Erdöl wird die Instabilität der Region verstärken". Er spielt an auf mögliche Anschläge seitens der in Nordafrika aktiven Dschihad-Krieger von Al Kaida.

taurantelapuntilla.com, Mo–Sa 11–16, 20–23 Uhr. Im attraktiven Terrassenlokal an der Lagune kommt „kreative kanarische Küche" auf den Tisch (auch halbe Portionen und Tapas). Den Ausblick aufs ruhige Wasser des Charco gibts gratis dazu!

■ **Lilium** €€ <009> Calle José Antonio 103, Tel. 928524978, www.restaurante

lilium.com, Mo–Sa 13–16, 20–23 Uhr. In Orlandos Gastro-Bar geht es informell zu. Man sitzt an Holztischen und schaut in die halboffene Küche, wo kanarisch-kreative Köstlichkeiten aus marktfrischen Zutaten entstehen. Dazu können spanische Spitzenweine glasweise bestellt werden, mittags gibts ein preiswertes Menü. Auf Wunsch (und nach Voranmeldung) kann man an einer *cena a ciegas* teilnehmen: Ein Dinner mit verbundenen Augen, bei dem es darum geht, den Geschmackssinn zu schulen.

> **Altamar** €€€, im Gran Hotel Arrecife ❸, Tel. 928800000, www.restaurante altamar.com, tgl. 19–23 Uhr
> **Star City** €, im Gran Hotel Arrecife ❸, tgl. 10.30–24 Uhr

Einkaufen

Am besten einkaufen kann man in der verkehrsberuhigten Calle León y Castillo und ihren Seitenstraßen. Nur ein paar Schritte entfernt befindet sich die kleine Markt- und Fischhalle. Beliebt ist auch der Wochenmarkt!

■ **Wochenmarkt – Mercado Turístico & Artesanal de Arrecife** <010> Plaza de las Palmas, Sa 9–14 Uhr. Rund um den Kirchplatz wird der „Touristenmarkt" abgehalten, auch Kunsthandwerk steht zum Verkauf. Kleider und Klamotten findet man auf dem Markt an der Av. de la Marina, der Mittwoch 8–14 Uhr am besten besucht ist.

■ **Markthalle La Recova** <011> Av. Vargas/ Ecke Liebre, Mo–Sa 8–13 Uhr. Kleine Marktstände entdeckt man zwischen Uferstraße und Kirche; sie bieten Obst und Gemüse, Blumen, Käse und Wurst. In der städtischen Fischverkaufsstelle (Pescadería Municipal) bekommt man fangfrischen Fisch.

Nachtleben

Den Abend starten Lanzaroteños gern in einer der **Cervecerías** (Biergärten) an der Playa del Reducto, danach ziehen sie weiter zur **Calle José Antonio,** wo freitags und samstags ab 24 Uhr mehrere Klubs um die Gunst der Tanz- und Kontaktfreudigen konkurrieren.

■ **Tambo** <012> Calle Dr. Ruperto González Negrín 6, Mo–Sa 20–2 Uhr. Direkt an der Uferpromenade: gemütliche Cocktail-Bar, Anlaufpunkt von Künstlern, Bohemiens und Studenten. Oft gibt es Ausstellungen und kleine Konzerte. Am Wochenende sehr voll!

■ **Bar Picasso** <013> Calle José Betancort 33, Mo–Sa 19–24 Uhr. Traditionsreiche Bar im Kulturzentrum El Almacén. Die Stimmung ist am besten, wenn am gleichen Abend eine Veranstaltung stattfindet oder vielleicht auch ein Film im zugehörigen Autorenkino Cine Buñuel.

Puerto del Carmen und Umgebung

Beim Landeanflug bietet sich das vertraute Bild: Karge Hänge senken sich zur Küste und werden im Ferienort **Puerto del Carmen** ❿ von hellsandigen Stränden, weiter südlich von niedrigen Klippen begrenzt. Eine Kette buckeliger Hügel schirmt die Region von der Inselmitte ab, im Süden grenzt sie an die sonnenverglühten Berge des Ajaches-Massivs.

▷ *Blick auf den alten Hafen*

❿ **Puerto del Carmen** ★ **[F10]**

Nur 3000 Einwohner hat Puerto del Carmen, doch die Zahl der Betten ist mehr als zehnmal so hoch. Der Ferienort erstreckt sich 10 km längs der Küste – vom alten Fischerhafen bis fast zum Flughafen. Über die gesamte Länge ziehen sich hellsandige Strände, die hier und da von kleinen Buchten unterbrochen sind. Oberhalb von ihnen verläuft eine breite, mit Palmen bepflanzte Promenade. We-

005lr Abb.: gs

niger idyllisch sieht es landeinwärts aus: Dort stapeln sich Apartmentanlagen, Fastfood-Lokale und Karaoke-Bars, Car-Rentals und Parfümerie-Shops. Doch die Urlauber, die nach Puerto del Carmen kommen, stört das nur wenig. Sie schätzen neben den Stränden das abwechslungsreiche Drumherum, die vielen Sport- und Ausgehmöglichkeiten. Da gibt es Taucher, die das Hausriff erkunden, andere mieten ein Tretboot oder starten zum Parasailing-Trip, leihen sich Bikes oder unternehmen Schiffsausflüge. Abends treffen sich die meisten in der Vergnügungsmeile an der Playa Grande, viele aber auch in den Fischlokalen am Hafen.

⑪ Puerto ★★★   [F10]

Der **alte Hafen** liegt in einer Bucht am Fuß niedriger Klippen – ein malerischer Flecken inmitten ausufernder Apartmentanlagen. Er ist die Keimzelle des Ortes, der einst La Tiñosa („die Schäbige") hieß. Großinvestoren, die ab etwa 1970 die Unterkünfte hochziehen ließen, gaben ihm den werbewirksameren Namen Puerto del Car-

men – so heißt die Schutzheilige der Fischer. Am besten kann man den kanarischen Alltag rund um den Hafen erleben. An der **Plaza del Varadero**, dem einstigen „Stapelplatz", herrscht am frühen Vormittag, wenn die Fischer mit ihrem Fang zurückkehren, ein lebendiges Treiben. An Ort und Stelle werden die Fische gereinigt und verkauft; danach werden die Boote zur Reparatur aufgebockt, Netze und Reusen zum Trocknen ausgelegt. Noch mehr Flair hat der Hafen am Sonntagvormittag, wenn der „kleine Markt" *(mercadillo)* stattfindet.

Zwischen 9 und 11 Uhr starten die **Schiffsausflüge:** Vom Katamaran bis zum U-Boot ist alles im Angebot. Kommt man nachmittags zurück, kann man die Lanzaroteños bei ihrer Lieblingsbeschäftigung, dem Spiel mit der **Bola** zuschauen (s. S. 22). Abends ist die Luft vom Fisch- und Knoblauchduft der Lokale erfüllt, die in die ehemaligen Lagerhallen eingezogen sind. Zwar wurden sie mit jedem Umbau protziger und teurer, doch tat dies ihrer Beliebtheit keinen Abbruch.

Puerto del Carmen

Vom alten Stapelplatz führt eine große Freitreppe hinauf zum **Kulturzentrum El Fondeadero**, wo eine bronzene Walskulptur hingegossen liegt: eine Hommage an den „König der Meere", der in kanarischen Gewässern nicht mehr gejagt werden darf. Nur mit Mühe behauptet sich die winzige **Hafenkapelle**, die Ermita de Nuestra Señora del Carmen, gegen das sich über ihr auftürmende Häusermeer.

KLEINE PAUSE

Bola alias Boccia

Auf einer Sandbahn im alten Hafen wird abends der Ball *(bola)* gerollt. Meist sind es Männer, die dem Mannschaftsspiel frönen: Mit roten und grünen Kugeln versuchen sie, möglichst nah an die kleine Zielkugel *(boliche)* heranzukommen. Die Regeln sind leicht – hat man eine Stunde zugeschaut, ist alles begriffen. Alle sind willkommen!

Sehenswürdigkeiten
11 Puerto

Übernachtung
7 Magec
8 Los Fariones

Essen und Trinken
2 Mardeleva
5 Puerto Viejo/El Bodegón
6 Cofradía de Pescadores
   La Tiñosa

Einkaufen
1 Einkaufszentrum
   Biosfera Plaza
4 Wochenmarkt – Mercadillo
   Puerto del Carmen

Sonstiges
3 Island Watersports

Am Hafen beginnt eine Holzpromenade, die über dem Wasser am Fuße des alten Fischerdorfs entlangführt. Sie endet an einer Treppe, die zur autofreien Calle Los Infantes hinaufführt. Folgt man ihr nach links, gelangt man zum **Mirador del Puerto**, einer Aussichtsplattform mit Blick auf den Hafen und die Fischerboote. Vom Mirador führt ein Küstenweg in einer Stunde längs niedriger Klippen zum Nachbarort Puerto Calero.

Folgt man vom Hafen dem Küstenweg in entgegengesetzter Richtung, gelangt man zum **Paseo La Barrilla** mit kleiner Mole und angrenzender **Playa de la Barrilla**. An diesem hellen, von schwarzen Lavazungen eingefassten Mini-Strand steigen gern Taucher zum Hausriff hinab. Noch romantischer ist der kleine Nachbarstrand, die **Playa Chica**, zu der man bei Ebbe über Felsen hinüberkraxeln kann.

006ir Abb.: gs

El Sabor de la Tradición

Jeden Sonntag von 11 bis 14 Uhr verwandelt sich der alte Hafen in einen Festplatz. Unter dem Motto „der Geschmack der Tradition" gibt es Folk-Musik, günstige Tapas und Getränke, Sport-Wettkämpfe, Hüpfburgen für Kinder und Verkaufsstände.

Terrassenlokale im Abseits

Unterhalb der Promenade verstecken sich Terrassenlokale, in denen man vergisst, dass man auf einer Touri-Meile ist. Im **Mirador La Playa** (s. S. 28) sitzt man wie in einer Loge im Schatten von Palmen, schaut auf den Atlantik und schlürft frisch gepressten O-Saft. Ein Stück weiter östlich liegt **Terraza Playa** (s. S. 28): Neben der kleinen Apartmentanlage Rocas steigt man über Treppen auf Meereshöhe hinab und stärkt sich mit Kaffee und Kuchen bzw. kleinen Gerichten. Den Vogel schießt **La Ola** (s. S. 28) ab, für viele der „schönste Beach-Club der Insel": Es gibt eine asiatisch inspirierte Lounge und ein Fusion-Restaurant, dazu eine Terrasse mit Bali-Liegen, von der Holztreppen zum Meer hinabführen.

⑫ Playa Grande ★★   [F10]

Ans Hafenviertel schließt sich ostwärts die Playa Grande an, der **Paradestrand** von Puerto del Carmen. Hellsandig verläuft er am Fuß niedriger Klippen. Über ihm verläuft eine breite Promenade, die mit Palmen und Pavillons aufgelockert ist; in einem davon befindet sich die Touristeninformation. Auf dem Paseo kann man bummeln und den Blick übers Meer bis zum Horizont schweifen lassen, versteckt liegen ein paar Terrassenlokale (s. „Terrassenlokale im Abseits", Seite 24).

Zur Landseite präsentiert sich ein anderes Bild: Längs der zur Einbahnstraße verschlankten Avenida reiht sich ein **Einkaufs- und Vergnügungszentrum** an das nächste. In diesen Centros Comerciales drängen sich Restaurants und Straßencafés, Läden und Boutiquen.

⌃ *Blick von der Promenade*

⑬ Playa de los Pocillos ★★ [G10]

Zwischen den Hotels San Antonio und Jameos Playa liegt der 1,5 km lange, sehr breite „Strand der kleinen Pfützen". Er ist dunkler als die Playa Grande und mag, da er nicht mit Palmen bepflanzt ist, weniger attraktiv erscheinen. Dafür hat er eine **Lagune:** Je nach Strömung und Gezeiten strömt Wasser ein, das sich hält, bis es verdunstet ist – ein nettes Planschbecken für Kinder!

Auch die Playa de los Pocillos ist von einer Promenade gesäumt, die sich auf halber Strecke zur **Plaza de las Naciones** weitet: ein großzügiger Platz mit Freilichtbühne und Wachtürmen, Pavillons und Info-Stand. Landeinwärts reihen sich großzügig angelegte **Komforthotels** und Apartmenthäuser aneinander, daneben gibt es zwei Einkaufszentren mit einigen wenigen Bars und Lokalen sowie Supermärkten.

⑭ Playa de Matagorda ★ [G10]

Zwischen den Hotels Jameos Playa und Beatriz erstreckt sich über 1 km Länge die Playa de Matagorda, die dank günstiger Winde auch bei **Surfern** beliebt ist. Sie ist hellsandig und von einer autofreien Promenade gesäumt, allerdings wird man zeitweise von Fluglärm aufgeschreckt. Man hat sich in den letzten Jahren Mühe gegeben, das „Stiefkind" von Puerto del Carmen aufzupolieren. Der Strand ist von dekorativen Festungstürmchen gesäumt, die Duschen befinden sich in Nischen aus Vulkangestein. Zu empfehlen sind die Unterkünfte in erster Strandreihe: weitläufig angelegt und von Palmen umgeben. Sie sind ideal für **Familienurlaub**, da sich Kinder gefahrlos bewegen können – der ganze Strand liegt ihnen zu Füßen. Nordostwärts schließt sich die

noch einsamere, 700 m lange **Playa de Guacimeta** an.

⑮ Rancho Texas Park ★ [F10]

Einige Kilometer landeinwärts liegt der Abenteuerpark **Rancho Texas.** Auf einer 50.000 m² großen Grünfläche gibt es Gehege für Weißtiger und Pumas, Wisente und Waschbären. Auf der „Liliput-Farm" lebt alles, was klein ist: Ponys, Esel und Hühner, Ziegen und Eulen. Mehrmals täglich finden Tier-Shows statt, bei denen Papageien, Greifvögel und Seelöwen zeigen, wie gut sie dressiert sind. Mittags schwingen Cowboys das Lasso, Kinder können auf Ponys reiten oder sich in einem Pool erfrischen. Zweimal wöchentlich steigt abends eine Western- und Country-Show mit Tanz, Live-Musik und Grillfest.

❯ Calle Noruega s/n, Tel. 928841286, www.ranchotexaslanzarote.com, 9.30– 17.30 Uhr, Abendshows Di und Sa, So meist geschlossen, Eintritt 18/13 €; Anfahrt: über die beim Hotel Las Costas von der Küstenstraße abzweigende Calle Noruega (Gratisbus von zahlreichen Hotels in Puerto del Carmen, ab Costa Teguise und Playa Blanca mit Zuschlag).

EXTRATIPP

Plane Spotting

An der Playa de Guacimeta, am östlichen Ortsrand von Puerto del Carmen, ist man von der Landebahn nur einen Steinwurf entfernt. Gern versammeln sich hier Schaulustige, denn kaum 50 m über ihren Köpfen schweben Flugzeuge aller Herren Länder ein. Wo sonst ist man Zeuge eines solch bombastischen Spektakels? Immer tiefer senken sich die Flieger hinab, bis sie kurz darauf sacht auf der Landebahn aufsetzen ...

Strände

Alle drei großen Strände – **Playa Grande, Playa de los Pocillos** und **Playa de Matagorda** – sind hell, feinsandig und fallen sanft ins Wasser ab. An der Playa Grande sind Brandung und Strömung gering; an den beiden anderen Stränden bildet sich zeitweise eine starke Unterströmung heraus. Für alle drei gilt: Weht die rote Fahne, sollte man nicht ins Wasser gehen (s. „Baden", Seite 88). Die Strände bieten Duschen, Toiletten und einen Rettungsdienst, dazu Verleih von Liegen und Sonnenschirmen sowie Tretboote. An die Playa Grande grenzen im Westen die kleinen, romantischen Badebuchten **Playa de la Barrilla** und **Playa Chica**, an ihrem Ostrand kann man sich in die gleichfalls attraktiven **Playa de la Peñita** und **Playas del Barranquillo** zurückziehen..

Infos und Reisetipps

› **Oficina de Información Turística** <014> Av. de las Playas s/n (Playa Grande), Tel. 928513351, www.ayuntamientodetias.es, Mo–Fr 10–14 u. 18–20 Uhr. Der Info-Pavillon an der Promenade, gegenüber vom Einkaufszentrum La Geria, bietet Stadt- und Inselkarten, Busfahrpläne und bunte Broschüren, auch Eintrittskarten für wichtige Kulturveranstaltungen.
› **Taxi:** Tel. 928524220. Taxistände befinden sich u. a. an der zentralen Kreuzung des Puerto, am Hotel Los Fariones, vor dem Centro Comercial Atlántico und an den Hotels San Antonio und Jameos Playa.
› **Bus:** Im Stadtverkehr sind Kleinbusse im Einsatz, große Linienbusse fahren nach Arrecife (Linien 2, 3, 6, 24, 25), Costa Teguise (Linie 3), Puerto Calero (Linien 24, 25, 61), Playa Blanca (Linien 6 u. 61), zum Flughafen (Linie 61) und zum Wochenmarkt von Teguise (Linie 12).

Haltestellen innerhalb Puerto del Carmens alle 500 m, z. B. an den Hotels Jameos Playa und San Antonio sowie am Einkaufszentrum Biosfera Plaza.

Unterkünfte

Empfehlenswert sind die küstennahen Unterkünfte, Anlagen in der 4. oder 5. Strandlinie sind nur über steile Straßen erreichbar. Am Puerto und an der Playa Grande ist die Bebauung dicht, an der Playa de los Pocillos und Playa de Matagorda wurde großzügiger gebaut. Fast alle hier ausgewählten Unterkünfte befinden sich in der ersten Strandlinie:

Puerto/Playa Grande

› **Barcarola Club** €€ <015> Av. de las Playas 53, Tel. 928510750, www.barcarolaclub.com, 82 Apartments. Tipptopp gepflegte Anlage mit Bungalows im Traditionsstil, die sich locker um einen üppigen Pool-Garten reihen. Für Kinder gibt es einen Miniclub. Celia Espino, die Chefin, spricht gut Deutsch und sorgt für ein angenehmes Ambiente. Gratis-WLAN.
■ **Los Fariones** €€€ <016> Calle Roque del Este 1, Tel. 928510175, www.farioneshotels.com, 248 Zimmer. Die Architektur der 1970er-Jahre ist in die Jahre gekommen, doch die Lage des Komforthotels könnte besser nicht sein: Durch einen Palmengarten (mit zwei Pools) gelangt man ans Meer, wo man die Wahl zwischen der Playa Chica (s. o.) und einer durch eine Mole gesicherten Felsbucht hat. Gefrühstückt wird unter Palmen,

EXTRATIPP
Promenadenlauf
Ob zu Fuß, per Rad oder Skates: Wer aktiv sein will, kann der Promenade fast durchgehend am Meer entlang 15 km bis Arrecife folgen (und von dort mit dem Bus zurückfahren).

abends lässt man den Tag bei Wellen-
rauschen und einem Glas Wein ausklingen. Alle Zimmer mit Balkon und Meerblick, vor dem Haus das Sportzentrum
Fariones mit Fitness und Wellness.

■ **Magec** € <017> Calle Hierro 11, Tel.
928515120, www.pensionmagec.com,
14 Zimmer. Unbedingt reservieren oder
frühmorgens auf der Matte stehen! Die
einzige Pension des Ferienortes liegt
nahe dem Hafen, ist sauber und relativ ruhig. Von den einfachen Zimmern
haben nur vier ein eigenes Bad, die übrigen teilen sich ein Etagenbad. Zur Dach-
terrasse haben jedoch alle Zugang.

**Playa de los Pocillos/
Playa de Matagorda**

❯ **Jameos Playa** €€€€ <018> Calle Marte
s/n, Tel. 928511717, www.los-jameos-
playa.de, 530 Zimmer. Attraktives Vier-
sternehotel zwischen Playa de los Pocillos und Playa Matagorda. Die Zimmer
verteilen sich auf mehrere Gebäude
rings um eine große Pool-Landschaft.
Gäste loben das üppige Frühstücks- und
Abendbüfett sowie die Nacht-Shows.
Mit vier Tennisplätzen (Quarzsandbelag,
Flutlicht), Dampf- und Biosauna, Massage, Aerobic und Beauty-Salon sowie
selbstverständlich auch einem Miniclub
für Kinder.

❯ **San Antonio** €€€ <019> Av. de las Playas
84, Tel. 928514200, www.vikhotels.
com, 331 Zimmer. Eines der wenigen
Hotels direkt am Meer, im Grenzbereich
zwischen Playa Grande und Playa de
los Pocillos – keine Straße, nicht einmal
eine Promenade trennt es vom Strand.
Alle Zimmer sind maritim gestylt, haben
Balkon, Meerblick und Marmorbad.
Dazu gibt es Frühstück auf der Gar-
tenterrasse und ein opulentes Abend-
Büfett. Vom oberen der beiden Pools
(fantastische Aussicht!) strömt das
Wasser über eine Fontäne ins untere
Becken und selbst von der Sauna hat

man einen schönen Blick. Abend-Shows
im „Theater" und für Tennisspieler zwei
Quarzsandplätze.

Essen und Trinken

Ob British Breakfast oder skandi-
navisches Smörgåsbord, China-Büfett
oder Hindu-Deli, Tex-Mex oder argen-
tinischer Grill – in Puerto del Carmen
sind fast alle Küchen der Welt vertreten. Die meisten Lokale befinden
sich längs der Promenade an der Playa Grande. Stimmungsvoll isst man
im Puerto: Zwar haben sich dort die
urigen Pinten längst in durchgestylte
Großlokale verwandelt und dennoch
– mit Blick auf den Hafen, Schiffe und
Möwen macht das Essen Spaß!

Puerto

■ **Cofradía de Pescadores La Tiñosa** €€
<020> Plaza del Varadero, Mobiltel. 660-
433578, tgl. 7–24 Uhr. Die „Bruderschaft der Fischer" hat die beste Hafen-
lage direkt vor den einlaufenden Booten
und obendrein die frischeste Ware. Das
maritim-rustikale Ambiente mit großer
Terrasse macht gute Laune! Während
des Sonntagsmarkts (10–15 Uhr) kann
man hier Gutscheine für die günstigen
Tapas kaufen.

■ **Mardeleva** €€ <021> Calle Los Infantes
10, Tel. 928510686, tgl. ab 10.30 Uhr.
Dank der versteckten Lage oberhalb
des Hafens sitzt man hier ruhiger als am
„Stapelplatz" und genießt den Meerblick.
Es gibt typisch Kanarisches, Fisch und
Wein von der Insel.

■ **Puerto Viejo/El Bodegón** €€ <022> Plaza
del Varadero s/n/Calle Nuestra Señora
del Carmen 6, Tel. 928515265, tgl.
12–16, 19–23 Uhr. Zur Hafenseite werden in maritimem Ambiente Fisch und
Fleisch vom Holzkohlegrill serviert, an der
Rückseite des Hauses entstand eine rustikale Bodega mit Holztischen unter einer
tief eingezogenen Balkendecke.

Playa Grande

› **Antica Trattoria de Verona** €€ <023> Av. de las Playas 53, Tel. 928511953, tgl. ab 12 Uhr. Bunte Stoffe, knarrende Holzdielen, Oreganoduft und eine u-förmige Bar: ein Lokal, in dem die veronesischen Besitzer zu Opernarien Pizza und Pasta servieren. Im Mini-Laden nebenan verkaufen sie Originalprodukte aus Italien.

› **Café La Ola** €€-€ <024> Av. de las Playas 10, Tel. 928596126, www.cafelaola. com, tgl. ab 10 Uhr. Chillout-Lounge hoch über dem Meer.

› **Mirador La Playa** € <025> Av. de las Playas s/n, gegenüber Centro Comercial Arena Dorada, tgl. ab 9.30 Uhr. Café im Schatten von Palmen.

› **Terraza Playa** €€-€ <026> Av. de las Playas 28, neben Ap. Rocas, tgl. ab 10 Uhr. Café-Restaurant am Strand.

Playa de los Pocillos/
Playa Matagorda

› **Café WunderBar** € <027> C.C. Jameos, Local 89, Mobiltel. 638707994, tgl. ab 10 Uhr. Aussichtsbalkon mit Blick aufs Meer, deutscher Kaffee, guter Apfelstrudel mit Vanille und Sahne, auch warme Speisen. Zur Bundesliga live fließt Bier in Strömen und Thun-Brötchen finden reißenden Absatz.

› **Playa Grande** € <028> C.C. Jameos, Local 37–39, tgl. ab 10.30 Uhr. Café und Cocktail-Bar mit chilligen Sesseln, dazu Tapas und Tagesgerichte, besonders schön ist es am Abend bei Kerzenschein.

Einkaufen

■ **Einkaufszentrum Biosfera Plaza** <029> Av. Juan Carlos 15, Mo–Sa 10–22, So 11–21 Uhr. Die Biosfera Plaza im Hafenviertel ist aus Chrom und Glas: Modeläden, Sportswear-Shops und Elektronik.

› **Pescadería/Fischverkauf:** Selbstversorger, die im Apartment Fisch brutzeln wollen, erhalten fangfrische Ware neben dem Restaurant La Lonja im Hafen.

› **Supermärkte:** In jedem Ortsteil gibts einen Supermarkt, der von irischer Markenbutter bis zu deutschem Schwarzbrot all das bietet, was Urlauber von zu Hause kennen. Die Preise haben „Touristenniveau"; wer sparen will und ein Mietauto hat, fährt in den benachbarten Einheimischen-Ort Playa Honda.

■ **Wochenmarkt – Mercadillo Puerto del Carmen** <030> Sonntags findet auf dem Platz vor dem Hafen ein Wochenmarkt mit Kunsthandwerk und Kulinaria statt.

Nachtleben

Von allen Ferienorten hat Puerto del Carmen das aktivste Nachtleben. Längs der Promenade oberhalb der Playa Grande gibt es Bier- und Spielhallen, Pubs mit Live-Musik und Cocktail-Bars. Selbst Lanzarotes einziges Casino befindet sich hier. Am meisten los ist am Wochenende ab Mitternacht im **Centro Atlántico.** Dagegen werden an der Playa de los Pocillos/Playa de Matagorda die Bürgersteige hochgeklappt, das Abendleben spielt sich dort in den Großhotels ab. Zu den fast täglichen Shows und Disco-Nächten sind auch Nicht-Hotelgäste willkommen. Ein wunderbarer Ort, um den Tag bei Live-Musik ausklingen zu lassen, ist das Café La Ola (s. S. 28), dessen Programmpalette von Jazz bis Flamenco reicht.

› **Centro Atlántico** <031> Av. de las Playas 41. Zentrum des Nachtlebens mit Kneipen und Discos, die erst am frühen Morgen schließen. Geboten wird Live- Musik aller Stilrichtungen. Nach 21.30 Uhr füllt sich **Charlie's Bar** (www.charlieslanzarote.com), wo die besten Live-Konzerte stattfinden: Rock and Country Music, Reggae und Folk. Im **Mulligans** erinnert der schräge Tex-Mex-Stil ans ehemalige Hard Rock Café: mit rustikalem Ambiente, langer Bar und Aquarien.

❯ **Gran Casino** <032> Av. de las Playas 12, www.orenesgrupo.com, 21–4 Uhr. Architektonisch wirkt das Casino nicht unbedingt *gran*, doch seiner Beliebtheit tut dies keinen Abbruch. Der Roulettetisch ist stets von Gästen umlagert, die mit einem Cocktail in der Hand den Lauf der Kugel verfolgen. Galagarderobe ist nicht vorgeschrieben, doch Personalausweis bzw. Reisepass müssen vorgezeigt werden. Außerdem gibt es hier einen Saal mit Spielautomaten, wo das Geld weitaus anonymer verjubelt werden kann.

❯ **Ruta 66** <033> Av. de las Playas 19 (C.C. Arena Dorada), tgl. bis 3 Uhr. Hier fühlt man sich „on the road": Von der Decke baumeln Original-Motorräder, die Wände sind mit Autokennzeichen gepflastert, zu Rock kann getanzt werden. Drinnen hohe Bartische, draußen eine große Terrasse mit bequemen Sesseln.

⓰ Playa Honda ★   [G9]

Der Küstenort liegt zwischen Puerto del Carmen und der Hauptstadt Arrecife, gleich neben dem Flughafen. Sein Filetstück ist die 2 km lange, autofreie **Meerespromenade** mit Terrassenlokalen. Davor erstreckt sich ein schmaler heller Sandstrand. In Richtung Arrecife ist er windgeschützter und ruhiger – auch der Fluglärm ist dort kaum noch zu hören.

Landeinwärts präsentiert sich ein anderes Bild: An schachbrettartig angelegten Straßen stehen Reihenhäuser, in denen all jene leben, die in den Ferienzentren arbeiten, sich die Wohnpreise aber nicht leisten können. Sie reichen bis zur LZ–2, wo sich mehrere Großmärkte wie Deiland und HiperDino befinden. Aufgrund der günstigen Preise kaufen hier viele Lanzaroteños ein.

Essen und Trinken

❯ **Emmax** <034> Av. de la Playa 21, Tel. 928820917, tgl. 10–23 Uhr. Szene-Treff an der Promenade, engagiert geführt vom deutschen Besitzer Moritz. Serviert werden Tapas und Menüs, am Wochenende legt ein DJ Platten auf.

⓱ Puerto Calero ★★★   [E10]

Der Vorteil dieses Resorts ist der stimmungsvolle, vom Kolonialstil inspirierte **Jachthafen** mit Promenade: schön zum Bummeln und Genießen. Sein Nachteil ist das Fehlen eines Strandes – wer baden will, ist auf den Hotelpool angewiesen. Benannt ist der Ort wenig bescheiden nach dem Hauptinvestor José Calero, entworfen hat ihn Luis Ibáñez Margalef, ein Mitstreiter des Künstlers César Manriques. Ein bemanntes Wachhäuschen und Kameraüberwachung rund um die Uhr unterstreichen den „exklusiven" Charakter von Puerto Calero und sorgen dafür, dass sich hier die High Society sicher fühlt. Alle Hotels sind neueren Datums, haben mindestens vier Sterne und große Spas – „Qualitätstourismus" wird großgeschrieben.

Beliebt sind die **Bootsexkursionen**: angeboten werden Fahrten im U-Boot, Transfers im Wassertaxi und Ausflüge zu den Papagayo-Stränden. Von den Terrassenlokalen an der schmucken Meerespromenade genießt man den Blick auf die an Messing-Pollern vertäuten Jachten.

Unterkunft

❯ **Costa Calero** €€€ <035> Tel. 928849595, www.hotelcostacalero.com, 324 Zimmer. Von außen mächtig, innen attraktiv: Räumliche Weite und Minimal-Design sorgen für Entspannung. Wer bei den Büfetts zu viele Pfunde ansetzt, kann

007/r Abb.: gs

sie in mehreren Pools abtrainieren. Auch gibt es ein „Römisches Spa" (für All-Inclusive-Gäste ist ein Besuch kostenlos): Nach dem Besuch von Dampfbad und Trockensauna wechselt man in unterschiedlich temperierte Bäder (Tepidarium, Caledarium, Frigidarium). Anschließend begibt man sich ins warme Thalasso-Thermalbad, aalt sich auf sprudelnden Liegen und lässt sich von diversen Wasserdüsen massieren. Zuletzt schwimmt man in einem „Wildwasserfluss" ins Freie. Wem das alles nicht reicht, nimmt den Gratis-Shuttle nach Puerto del Carmen oder leiht sich in der Bike-Station ein Renn- bzw. Mountainbike.

Essen und Trinken

❯ **Café Milla** €–€€ <036> Paseo Marítimo 13–15, Tel. 928511641, tgl. ab 10 Uhr. Eines von mehreren Lokalen an der Promenade: blau-weiß gestylt und preislich angemessen. Camilla bietet Sandwiches und Baguettes, Pannini und Pasta an. Sehr gut sind die opulenten Eisbecher, dazu gibt es eine große Kaffeeauswahl. Abends ist Fine Dining angesagt; doch auch wer nur auf ein Glas Wein oder einen Cocktail vorbeikommt, ist willkommen.

🔟 Playa Quemada ★★ [D11]

Fischerboote statt schnittiger Jachten, schlichte Kubenhäuser statt Villen: Playa Quemada ist der Gegenpol zu Puerto Calero. Den Namen „verbrannter Strand" verdankt er einer pechschwarzen Lavazunge, die beim Ausbruch des Timanfaya im Jahr 1731 zur Küste vorpreschte und im kühlen Atlantik erstarrte. Unmittelbar am Meer bieten zwei Terrassenlokale Fischgerichte. An kaum einem an-

◿ *Vorerst aus dem Verkehr gezogen: das Walskelett am Ortseingang*

▷ *Playa Blanca: weißer Sand, Palmenrand – ein Paradestrand*

KURZ & KNAPP

Quemado

Wer über die Insel fährt, stößt immer wieder auf den Beinamen *quemado*. Täler, Ebenen und Strände, selbst Dörfer – sie alle sind „verbrannt": Playa Quemada, La Quemada de Órzola, Montaña Quemada …

deren Ort sitzt man näher am Wasser und genießt einen so schönen Blick über die zerklüftete, brandungsumtoste Küste. Zwar laden die niedrigen Klippen nicht gerade zum Baden ein, doch kann man in der südlich angrenzenden **Playa de la Arena** ins Meer steigen. Bei Ebbe erreicht man sie über einen Weg am Fuß der Klippen, bei Flut muss man einen schweißtreibenden Umweg über den Hang nehmen.

Essen und Trinken

> **Salmarina** €€ <037> Av. Marítima 13, Tel. 928173562, www.salmarinarestaurante.com, ab 11 Uhr, wechselnder Ruhetag. Das nach Art einer mediterranen Taverne gestylte Lokal schmückt ein raumgroßes Schwarz-Weiß-Foto eines Windjammers, den Kontrast bilden pastellfarbene, auf alt getrimmte Holzstühle. Serviert wird Fisch auf vielerlei Art, Napfschnecken *(lapas)* und Garnelen in Knoblauch *(gambas al ajillo)*. Viel Betrieb herrscht vor allem am Wochenende, wenn die Hauptstädter „einfallen".

Playa Blanca und der Süden

Geröllige Ebenen, aus denen Vulkankegel ragen, und im Hintergrund die schroffen Hänge des knapp 600 m hohen Ajaches-Massivs: Auf den ersten Blick präsentiert sich die Umgebung des Ferienorts eher abweisend. Doch sie hat einiges zu bieten: eine wilde Lavaküste mit „kochenden Kesseln", symmetrisch angelegte Salzgärten, eine smaragdfarbene Lagune und bizarre Felsformationen. Im Fischerweiler El Golfo und im Bergdorf Femés genießt man Lanzarotes schönste Sonnenuntergänge, in den Bilderbuchorten Yaiza und Uga traditionelle Architektur. Die naturgeschützten Playas de Papagayo sind wildromantische Badebuchten mit klarem, türkisblauem Wasser, eingefasst von sandfarbenen Klippen. Schöne Strände hat auch Playa Blanca, das in kurzer Zeit vom Fischernest zum Ferienresort aufgestiegen ist.

008ir Abb.: gs

Playa Blanca – Rund um den Hafen

Sehenswürdigkeiten
- ⑳ Puerto Antiguo
- ㉑ Paseo Maritimo

■ **Übernachtung**
8 Lanzarote Park

■ **Einkaufen**
4 Libreria Alemana
5 Centro Comercial
  Boulevard Yaiza

■ **Essen und Trinken**
2 El Varadero

■ **Nachtleben**
6 Club 4 Lunas

■ **Sonstiges**
1 Oficina de
  Información
  Turística
3 Big Blue Sea
7 Bike Rental

⑲ **Playa Blanca** ★ ★ ★ [B12]

Lanzarotes **jüngstes Resort** ist das schönste. Es wartet mit Ortsstränden und den nahen Playas de Papagayo auf, zum Greifen nah erscheint die Nachbarinsel Fuerteventura und das Eiland Lobos. In Spaniens Boom-Jahrzehnt stark expandiert, zieht sich das **ehemalige Fischerdorf** vom Leuchtturm am Südwestkap 12 km bis zum Naturschutzgebiet am Südostkap. Viel wurde gebaut, doch wird das Auge nicht durch monumentale Bettenburgen strapaziert: Außer ein paar luxuriösen Strandhotels, die es laut Gesetz gar nicht geben dürfte, sind die Häuser flach und vom traditionellen Lanzarote-Stil inspiriert. Es gibt einen kleinen **Fähr- und Fischereihafen** sowie einen großzügig angelegten **Jachthafen** – beide sind durch eine kilometerlange **Promenade** miteinander verbunden. Wer aktiv sein will, unternimmt Schiffsausflüge, Tauch- und Bike-Exkursionen; wer feudal relaxen will, besucht eines der großen Hotel-Spas. Während in Lanzarotes übrigen Resorts Briten und Skandinavier den Ton angeben, wird Playa Blanca von deutschen Urlaubern favorisiert.

20 Puerto Antiguo ★　　　[B12]

Im **alten Hafen** gibt es Anklänge an das einstige Fischerdorf: Kleine Kutter wippen im Wasser, Reusen sind zum Trocknen aufgestellt. Wenn im Morgengrauen die Fischerboote einlaufen, öffnet die *Cofradía de Pescadores* („Bruderschaft der Fischer"), wo sich die Männer bei Kaffee und Rum von der Seefahrt erholen. Binnen weniger Minuten ist der frische Fang verteilt; das meiste geht in die Promenadenlokale und die Hotels, ein kleinerer Teil an die Familien der Fischer und ihre Freunde. Winzig wirken die Kutter im Vergleich zu den Großfähren, die fast stündlich zur Überfahrt nach Fuerteventura starten und Playa Blanca zu Lanzarotes verkehrstechnischem Dreh- und Angelpunkt gemacht haben.

21 Paseo Marítimo ★★★　[B12]

Oberhalb des Hafens verläuft auf niedrigen Klippen eine mehr als 10 km lange **Promenade**. Südwestwärts führt sie zur **Playa Flamingo**, einem durch Wellenbrecher geschützten Paradestrand mit Palmen und Terrassenlokalen. Von dort geht es längs der Küste und an Komforthotels vorbei in Richtung Leucht-

Playa Blanca – Vom Jachthafen zu den Papagayo-Stränden

turm, der am Südwestkap liegt. Noch attraktiver ist der Paseo in östlicher Richtung (insgesamt 6,4 km), wo der ursprüngliche Charakter des Ortes noch etwas spürbar ist. Freilich wurden auch hier die einstöckigen Häuser aufgestockt und in Terrassenlokale verwandelt. Zum Beispiel der einstige **Almacén de la Sal**, in dem das Salz aus den Salinen aufbewahrt wurde. Heute ist darin ein hochpreisiges Lokal untergebracht – historische Fotos und das von der Decke hängende Skelett eines Bootes erinnern an

◁ *Papagei auf der Promenade*

▷ *Marina Rubicón* **22***, im Hintergrund der Gebirgszug Los Ajaches*

0 —————— 400 m
© REISE KNOW-HOW 2013

Sehenswürdigkeiten
22 Marina Rubicón
23 Castillo de las
Coloradas

■ **Übernachtung**
5 Volcán Lanzarote
7 Dream Gran
Castillo Resort

■ **Essen und Trinken**
2 La Casa Roja
4 Bar One
6 Casa Brigida

■ **Einkaufen**
3 Wochenmarkt

■ **Nachtleben**
1 Café del Mar

die Vergangenheit. Vor dem Almacén liegt der kleine **Ortsstrand**, dem Playa Blanca („weißer Strand") seinen Namen verdankt. Gern bauen hier Kinder Sandburgen, derweil die Eltern im Café sitzen. Noch schöner ist die **Playa Dorada**, der „goldene" Strand. Mit 300 m ist er der längste im Ort, durch Molen geschützt und brandungsarm, dazu hat er herrlich klares Wasser. Am Strand bietet ein Terrassencafé Snacks, dahinter liegt das Einkaufszentrum Boulevard Yaiza mit Läden und Lokalen.

22 Marina Rubicón ★★★ [C12]

Nach weiteren zehn Minuten gelangt man – vorbei an den Salinas del Berrugo, aufgelassenen Salzfeldern mit Windmühlenruinen – zum Puerto Deportivo Marina Rubicón, dem großen **Jachthafen.** Auf dem Wasser liegen schnittige Boote und auch an

Land ist die Aussicht schön: Niedrige Häuser im mediterranen Stil, kleine Seen und übers Wasser führende Holzstege bilden ein „Dorf" wie aus dem Bilderbuch. Spaß macht es, in einem der stimmungsvollen Lokale am Wasser einzukehren und das Panorama zu genießen.

Im **Hinterland** der Marina sieht es weniger idyllisch aus, ein großes Einkaufszentrum mit Supermarkt und Parkplätzen verkündet Normalität. An den Rand gedrückt steht eine weiße Kate mit der Aufschrift „Hier befand sich einst ein Strand". Sie ist das einzige Relikt aus vortouristischer Zeit.

23 Castillo de las Coloradas ★ [C12]

Nächste Station ist das Castillo de las Coloradas am **Kap Punta del Águila.** Der runde Festungsturm aus dunklem Basalt wurde 1741 erbaut, seine Glockentrommel sollte vor Angriffen warnen. Das nutzte wenig, denn schon 1749 wurde der Turm von Piraten zerstört. 20 Jahre später wurde er wieder aufgebaut, diente als Munitionslager und Kerker. Seinen Namen hat er von der Steilküste (*colorado* = vielfarbig), von der man einen Blick auf die Dünen der Playas de Papagayo erhascht.

010lr Abb.: gs

Playa Blanca und der Süden

Infos und Reisetipps
- **Oficina de Información Turística** <038>
  Ecke Calle Limones/Av. Papagayo, Tel.
  928518150, www.yaiza.es, Mo–Fr
  9–16 Uhr, kürzer im Sommer
> **Taxi:** Tel. 928517136, Haltestellen nahe
  dem Kreisverkehr an der Av. Papagayo
  und am Hafen
> **Bus:** Ein Ortsbus (Linie 30) verkehrt von
  6.30 bis 22 Uhr alle 30 Min. zwischen

EXTRATIPP

Tagesausflug nach Fuerteventura

Von Playa Blanca scheint Lanzarotes
Schwesterinsel zum Greifen nah – und
dank häufiger Fährverbindungen ist sie
problemlos erreichbar. Dort kann man
einen Tag an den herrlichen, 8 km langen Dünenstränden von **Corralejo** verbringen. Natürlich kann man Fuerteventura auch im Mietauto erkunden, über **El
Cotillo** und **La Oliva** bis zur ehemaligen
Hauptstadt **Betancuria** und weiter Richtung Süden vordringen. Da auf Fuerte
große Entfernungen zu bewältigen sind,
sollte man frühmorgens die erste Fähre
nehmen. Der Mietwagen kann, sofern
die Versicherung mitspielt, ab Lanzarote
mitgenommen werden. Erkundigen Sie
sich bei der Reederei nach Sparpaketen
(paquete de ahorro)! Etwas länger dauert es, im Hafen von Corralejo einen Pkw
zu mieten, doch spart man sich die Über-
fahrtkosten fürs Auto (Hinweis: Die Firma
Cabrera Medina/Cicar hat Filialen sowohl
im Hafen von Playa Blanca als auch im
Hafen von Corralejo!). Autofähren von
Olsen und Armas pendeln stdl. zwischen
Playa Blanca und Corralejo, die Überfahrt
dauert 25 Min. und kostet hin und zurück
p.P. 45–50 €, Rabatt für Kinder, Studenten und Senioren.
> www.fredolsen.es, Tel. 90200107
> www.navieraarmas.com,
  Tel. 902456500

dem Leuchtturm Faro im Westen und
Las Coloradas im Osten. Mit Linie 6 und
20 kommt man nahezu stündlich nach
Arrecife, mit Linie 61 nach Puerto del
Carmen.
> **Bootsausflüge:** Von Playa Blanca star-
ten täglich Boote zu Halb- und Ganzta-
gestouren, wobei man zwischen Groß-
jacht und Windjammer, Glasboden- und
U-Boot wählen kann. Mit Taxiboot geht es
längs der Küste zu den Playas de Papagayo ㉔. Nach Fuerteventura, von Lanzarote durch eine etwa 1,5 km schmale
Meerenge getrennt, gelangt man mit der
Fähre (s. Extratipp, Seite 36).

Unterkünfte

Wer auf Meerblick verzichten kann, ist in
den großzügig gebauten, landeinwärts
gelegenen Apartmentanlagen gut aufge-
hoben. Am schönsten wohnt man in erster
Strandlinie:
- **Dream Gran Castillo Resort** €€€ <039>
  Calle Hoya de Afre 2, Tel. 928595999,
  www.dreamplacehotels.com, 260 Zimmer. All-Inclusive der feineren Art: Das
  maurisch-orientalisch angehauchte
  Hotel liegt direkt an der Playa de las
  Coloradas. Auch hier fühlt man sich
  wie in einem Dorf – eine Burg (!) zollt
  dem nahen Castillo architektonisch
  Tribut. Luftig-lichte Zimmer machen
  Urlaubslaune, bei den opulenten Büf-
  fets kann man open air speisen, außer
  einer großen Pool-Landschaft gibt es
  ein Spa. Dank der eleganten Ausstat-
  tung, der Weitläufigkeit und der vielen
  freundlichen Angestellten herrscht statt
  „Ballermann" eine entspannt-lässige
  Stimmung.
- **Lanzarote Park** €€ <040> Av. Canarias 5,
  Tel. 928517048, www.iberostar.com.
  Tolle Lage auf einem vorspringenden
  Kap an der Promenade, wenige Gehminuten von der Playa Flamingo. Da
  die drei ineinandergreifenden Gebäude
  hufeisenförmig gebaut sind, genießt

man von fast allen Zimmern einen Blick aufs Meer – vom obersten dritten Stock ist die Aussicht am schönsten. Im Erdgeschoss befinden sich die kinderfreundlichen Apartments mit abgetrenntem Schlafzimmer, Terrasse und Zugang zum Garten. Mit sieben Pools, Beachvolleyplatz und Mini-Playas auf brandungsumtosten Klippen. Gutes Preis-Leistungs-Verhältnis!

■ **Volcán Lanzarote** €€€€ <041> Calle El Castillo 1, Tel. 928519185, www.hotel volcanlanzarote.com, 207 Zimmer und 48 Zimmer im Club Volcán. Das vielleicht originellste Hotel der Insel präsentiert sich als kanarisches Dorf: Neben einem künstlich errichteten Vulkan steht eine originale Replik der Kirche von Teguise, von der sich üppig bepflanzte Gassen zum Jachthafen hinabsenken. Gesäumt sind sie von kleinen, mediterran angehauchten Häusern, schneeweiße Pools mit Lavafelsen sind in die Landschaft eingestreut. Viele Extras genießen Gäste des Club-Bereichs adults only: Sie frühstücken in einem privaten Salon, haben einen extra Pool-Bereich mit Bali-Liegen und Jacuzzis sowie Spa-Benutzung (Thermalbad, Saunen). Auch Kaffee und Kuchen sowie der abendliche Bar-Service sind inklusive. Ein toller Ort, um zur Ruhe zu kommen!

Essen und Trinken

An der Promenade im Ortszentrum reihen sich Terrassenlokale mit Meerblick. Die gute Lage verführt einige zur Abzocke, weshalb es sich empfiehlt, vor der Bestellung die Speisekarte und nach dem Essen die Rechnung zu prüfen! Gleiches gilt für die Strandbars an der Playa Flamingo und der Playa Dorada. Im Einkaufszentrum Boulevard Yaiza (Playa Dorada) und im Jachthafen, wo gern die einheimische Oberschicht speist, hat man falsche Rechnungen weniger zu fürchten. Wem das alles nicht gefällt, kauft sich im Supermarkt Zutaten für ein Picknick am Strand.

Puerto Antiguo/Pueblo

❯ **Bodegón Las Tapas** €€ <042> Av. Marítima 29, Tel. 928518310, tgl. ab 10 Uhr. Rustikale Terrassenbar mit blank polierten Holztischen und -stühlen. Dut-

⌂ *Im typischen Lanzarote-Stil: flach, weiß und mit „Minarett"*

zende deftiger Tapas kann man sich in der Vitrine aussuchen. Angeschlossen ist ein Delikatessenladen im ersten Stock.

■ **El Varadero** €€-€ <043> Av. Marítima 89, Tel. 928517702, tgl. ab 9.30 Uhr. Traditionsreiches Promenadenlokal, schwungvoll geführt von sechs Schwestern – gern kehren hier auch Einheimische ein. Auf der Terrasse sitzt man in bequemen Korbstühlen, drinnen in maritimem Ambiente. Es gibt Frühstück, preiswerte Pizza und Pasta sowie teureren Tagesfisch. Gut kann man hier den Tag bei einem Daiquiri ausklingen lassen.

Marina Rubicón

■ **Bar One** € <044> Marina Rubicón/Plaza Capitanía, Tel. 928349930, tgl. ab 9 Uhr. Bistro-Café und Seglertreff am Leuchtturm des Jachthafens: Man beobachtet ein- und auslaufende Schiffe, trinkt dabei einen Kaffee oder stärkt sich mit einem Sandwich bzw. preiswertem Mittagsmenü. Gratis-WLAN.

■ **Casa Brígida** €€ <045> Puerto Marina Rubicón, Local 32-B, Tel. 928519190, www.restaurantecasabrigida.com, tgl. 10-16.30, 20-22.30 Uhr. Wer auf Fisch und Runzelkartoffeln keine Lust mehr hat, kann im Terrassenlokal des inselbekannten Kochs Pedro Santana kreative kanarische Küche kosten. Das sechsgängige „Menú del Chef" kostet um 30 €.

■ **La Casa Roja** €€ <046> Marina Rubicón, Tel. 928519644, www.lacasaroja-lanzarote.com, tgl. 13-16, 19-23 Uhr. Exponiertes „rotes Haus" im Jachthafen, in dem man sich auf der Terrasse und mit Blick auf Schiffe feine Fischgerichte schmecken lässt. Deftig schmeckt der mit Fleischfarce gefüllte Tintenfisch!

Einkaufen

In den zentralen Fußgängerstraßen hinter der Promenade findet man Boutiquen und Souvenir-Shops.

Außerdem:

■ **Centro Comercial Boulevard Yaiza** <047> Av. Papagayo, www.princesayaiza.com, tgl. 9-21 Uhr. Schicke Mode- und Sportlabels im Einkaufszentrum hinter der Playa Dorada.

■ **Librería Alemana** <048> Calle La Tegala 18, tgl. 9.30-14 und 16-20 Uhr. Es lohnt sich vorbeizuschauen: In dem deutschen Buchladen gibt es reichlich Urlaubslektüre vom Strand-Schmöker über Literaturklassiker bis zum Bestimmungsbuch für kanarische Pflanzen.

■ **Wochenmarkt** <049> Kunsthandwerksmarkt der feineren Art, Sa 10-14 Uhr im Jachthafen. Vom Panama-Hut bis zu Seife aus Ziegenmilch, von handgewebtem Stoff bis zu Aloe-Vera-Produkten ist allerlei Interessantes zu entdecken.

Nachtleben

Mit täglich wechselndem Programm (von Oldies über chinesische Akrobaten bis zu Saturday Night Fever) versuchen die Großhotels ihre Gäste bei Laune zu halten. Selbstverständlich sind auch Nicht-Hotelgäste willkommen! Alternativ flaniert man auf der Promenade und lässt den Abend bei einem Cocktail oder einem Glas Wein ausklingen.

■ **Café del Mar** <050> Marina Rubicón, www.cafedelmarmusic.com, tgl. ab 10 Uhr. Drei junge Männer zogen von den Kanaren auf die Balearen, gründeten auf Ibiza das „Café del Mar" und hatten mit Chillout-Musik Riesenerfolg. Ihre Filiale im Jachthafen von Playa Blanca folgt dem gleichen Konzept: pastellfarben, relaxtes Ambiente und Musik von sinfonischem Rock über Techno und New Age bis zu Opernarien. Zu Vollmond steigt eine große Party!

■ **4 Lunas** <051> Boulevard Yaiza, Di-Sa 20-3 Uhr. Am frühen Abend gibts Cocktails zum halben Preis, später entspannt man bei Live-Jazz oder Blues.

Strände

Playa Blancas Strände sind künstlich angelegt, was ihrer Schönheit keinen Abbruch tut. Die mit vielen Palmen bepflanzte, 200 m lange **Playa Flamingo** im Westen und die 300 m lange **Playa Dorada** im Osten haben hellen, karibisch anmutenden Sand. Sie sind durch Wellenbrecher geschützt, sodass man in ruhigem, klarem Wasser seine Runden drehen kann. Liegen und Sonnenschirme können ausgeliehen werden, an der Playa Dorada auch Tretboote. An beiden Stränden wacht der Rettungsdienst. Für eine Süßwasserdusche wird man allerdings zur Kasse gebeten. In gebührender Entfernung stehen Terrassenlokale, die Snacks und Stärkung bieten. Außerdem gibt es noch den winzigen Ortsstrand **Playa Blanca**, der eher für den Bau von Sandburgen geeignet ist – sein Wasser ist aufgrund der Hafennähe nicht das sauberste. Für ein Sonnenbad mit Fernblick auf Fuerteventura ist die **Klippe unterhalb des Hotels Lanzarote Park** ideal: Bambusschirme spenden auf den Sandterrassen Schatten und für die Liegen wird nicht abkassiert. Es folgt die naturbelassene **Playa de las Coloradas** auf dem Weg zu den **Playas de Papagayo** (s. u.): ein wilder Flecken, dem leider ein großes Strandhotel dicht auf die Pelle rückt.

㉔ Playas de Papagayo – die schönsten Inselstrände ★ ★ ★   [C12]

„Playas de Papagayo": Klingt das nicht nach bunten Vögeln im tropischen Küstendschungel? Um keine falschen Erwartungen aufkommen zu lassen: Es gibt weder gefiederte Exoten noch eine üppige Vegetation, stattdessen erwartet den Besucher ein karges, von der Sonne ausgeglüh-

tes Küstenplateau. Gleichwohl haftet dem Namen „El Papagayo" Geheimnisvolles an: Er stammt von einem Piratenschiff, das vor gut 400 Jahren just hier an den Klippen zerschellte und mitsamt seinem Schatz in den Fluten versank. Der wahre „Schatz" ist heute freilich ein anderer: sechs Buchten mit goldgelbem Sand und kristallklarem Wasser locken all jene Badelustigen an, die einen Strandtag fernab der Ferienresorts verbringen wollen. Da das Gebiet unter Naturschutz steht, ist es – mit Ausnahme eines Campingplatzes im unmittelbar angrenzenden Hinterland sowie zwei, drei kleineren Häusern – unbebaut.

Der erste Strand ist die 400 m lange, von dunklen Lavazungen eingefasste **Playa Mujeres**, der „Strand der Frauen". Früher wuschen hier die Frauen *(mujeres)* ihre Wäsche und schöpften Wasser aus dem nahegelegenen Brunnen. Vor allem am Wochenende, wenn auch ein Imbisswagen anrollt, ist der Strand gut besucht. Die Ruine an der Westseite ist das Überbleibsel eines ehemaligen Kalkofens. Daran schließen sich zwei verschwiegene FKK-Minibuchten, die **Playa del Caletón** und die **Playa de los Ahogaderos** („Strand der Ertrunkenen") an. Wer den Roman „Mararía" von Rafael Arozarena gelesen hat, erinnert sich vielleicht an die Szene, in der Frauen nachts zu diesem Strand hinabsteigen, um die Rufe der Toten, ihrer im Meer ertrunkenen Männer und Söhne, zu erwidern. Unbeweglich verharren die Frauen und halten Fackeln in die Höhe, um die Seelen der Verwandten leichter an den Strand geleiten zu können … Die nächste größere Bucht ist die **Playa del Pozo**. Auch dieser Strand ist herrlich weiß, übers flach abfallende Ufer gelangt man

012lr Abb.: gs

ins Meer. Dass man sich hier auf geschichtsträchtigem Boden bewegt, würde man nicht bemerken, wäre da nicht der landeinwärts gelegene, großspurig sogenannte „Parque Arqueológico". Nur ein einsames Holzkreuz erinnert daran, dass an dieser Stelle vor 600 Jahren die **normannischen Konquistadoren** die Insel betraten und eine erste Kapelle erbauten. Das schlichte, dem Bischof von Limoges geweihte Gotteshaus, wurde vom Papst prompt zur „Kathedrale der Kanaren" ausgerufen, womit die katholische Kirche erstmals in ihrer Geschichte überseeisches Territorium in Besitz nahm!

Dann folgt die **Playa de la Cera**, eine stille Bucht am Fuße schwarzer Klippen, bei Schnorchlern beliebt. Namensgeberin des gesamten Küstenstrichs ist die **Playa de Papagayo**. Sie fällt flach ins türkisfarbene Meer ab, vorspringende Felsklippen schützen die Bucht vor Brandung. Vom höchsten Punkt bietet sich ein herrlicher Blick auf die wie Perlen aufgereihten Strände, im Hintergrund erheben sich dunkle Vulkane. Vom ehemaligen Weiler oberhalb des Strandes blieben nur zwei Häuser erhalten. Señor Vicente Martín, dessen Familie seit über 300 Jahren auf diesem Flecken lebt, betreibt hier ein (überteuertes) Lokal, von dessen Terrasse man von den Stränden bis zum Ajaches-Gebirge den gesamten Inselsüden überblickt. Drinnen hat er ein Modell der „San Francisco" postiert, des einstigen Flaggschiffs der spanischen Armada – auch in den Gewässern Lanzarotes war sie unterwegs, um Piraten aufzustöbern. Diese versteckten sich gern an der Playa de Papagayo, denn im schützenden Halbrund der hohen Klippen war selbst der Schiffsmast nicht von außen erkennbar. Vicentes legendärer Großvater, der 114 Jahre alt geworden ist, kannte noch so manches Piratenabenteuer aus eigener Anschauung ...

Hinter der Punta de Papagayo, Lanzarotes südlichstem Punkt, liegt die **Playa Caleta de Congrío**. Die „Bucht des Meeraals" ist flach und gut 300 m lang, windgepeitscht und umtost von der Brandung – ebenso wie die sich anschließende **Playa de Puerto Muelas** kein idealer Badeflecken, eher ein geeigneter Ort für Picknick im Abseits.

⌂ *Die Namensgeberin der Playas de Papagayo* ㉔

Anreise

Wer einen Tag an den Papagayo-Stränden verbringen möchte, hat es von Playa Blanca nicht weit – die Strände liegen nur 5–7 km entfernt, sind mit dem Auto, per Boot und zu Fuß leicht erreichbar.

> **Mit dem Auto/Bike:** Am Nordausgang Playa Blancas folgen Sie der nach Playas de Papagayo ausgeschilderten Straße (anfangs asphaltiert, später Piste) und ignorieren nach 1,4 km den Linksabzweig nach Femés. Nach 3,6 km ist der bewachte Eingang zum Monumento Natural de los Ajaches erreicht: Autofahrer werden zur Kasse gebeten, das eingenommene Geld (3 € pro Auto, Bikes gratis) soll dem Naturschutz zugutekommen. An der Gabelung nach 5,2 km biegt eine Piste rechts ab zur Playa Mujeres, geradeaus erreichen Sie die übrigen Strände, wobei Sie sich nach 6,8 km zu entscheiden haben: Rechts geht es zur Playa de Papagayo, Playa del Pozo und Playa de la Cera, links zur Playa Caleta Congrío und Playa de Puerto Muelas. Beide Pisten enden jeweils an einem großen Parkplatz. Bitte lassen Sie nichts im Wagen liegen, die Orte sind bei Langfingern beliebt!

> **Per Boot:** Die schönste Art, zu den Papagayo-Stränden zu gelangen, führt übers Wasser. Zur Wahl stehen ein Windjammer, ein Katamaran und ein Wassertaxi-Motorboot, die alle am Vormittag aufbrechen – freilich nur bei ruhiger See. Mit einem kleinen Beiboot wird man zum gewünschten Strand gebracht und am Nachmittag wieder abgeholt (hin und zurück ca. 12 €, erm. 6 €).

> **Zu Fuß:** Der Uferpromenade folgen Sie ostwärts vorbei am Castillo de las Coloradas bis zu ihrem östlichen Ende an der steinigen Playa de las Coloradas. Hier ersteigen Sie auf einem Trampelpfad eine Klippe und stehen sogleich auf einem hohen Küstenplateau, von dem mehrere Pfade längs der Küste bzw. hinab zu den Buchten führen (ab Ortszentrum 1 Std. bis Playa Mujeres, gelb markierter Weg PR-LZ-09-13). Die kürzeste Variante: Mit Bus bis Coloradas bzw. mit Auto bis zum Parkplatz des Sandos Papagayo Beach Resort (am äußersten Ostrand von Playa Blanca) – von dort auf markiertem Weg 15 Min. zur Playa Mujeres.

Bei Ebbe können Sie von einem Strand zum nächsten laufen, doch Vorsicht ist geboten: Auf den glatten, algenüberwachsenen Felsen kann man leicht ausrutschen! Bei Flut ist alles etwas beschwerlicher: Mehrmals müssen Sie die Böschung hinauf und wieder hinunter, zur Playa de Papagayo sind es vom ersten Strand noch einmal etwa 30 Min.

㉕ Salinas de Janubio ★★ [B10]

Bei den Vulkanausbrüchen des 18. Jahrhunderts wurde Lanzarotes größte Bucht durch einen Lavadamm vom Meer abgetrennt. Die Lanzaroteños hatten Glück im Unglück, denn die so entstandene Lagune eignete sich zur **Gewinnung von Salz.** Anders als in Mitteleuropa, wo Salz früherer Meere tief aus dem Berg geschlagen werden muss, wird es an der Meeresküste „geerntet": Zwischen den Klippen wurden Hunderte kleiner Becken angelegt, in denen sich das durch einen Kanal einströmende Meerwasser sammelt. Aufgrund intensiver Sonnenbestrahlung verdunstet es, wobei das Salz auskristallisiert. Zu kleinen Pyramiden zusammengerecht, trocknet es, bis es seine typische körnige Konsistenz erhält.

Heute wird die Salzgewinnung von der EU subventioniert, um die traditionelle Technik vor dem Aussterben zu bewahren und eine besondere Art der Landschaftsgestaltung zu erhalten. Tatsächlich wirken die Salinen wie ein riesiges, über die Lagune gespanntes Schachbrett. Und noch einen Grund gibt es, die Salinen zu fördern: Sie sind ein wichtiger **Rastplatz für Wandervögel**, die auf ihrer Route gen Süden hier Station machen. Nicht selten sieht man hier Alpenstrandläufer, Steinwälzer und Sandregenpfeifer durchs Wasser waten.

An der Straße, die um die Salinen herumführt, lohnen mehrere Stopps. Den besten Blick hat man von der Terrasse des Restaurants **Mirador de las Salinas** am Scheitelpunkt der Lagune. Wer Lust hat auf einen Spaziergang durch die Salzfelder, fährt zum Parkplatz an der Straße nach El Golfo. Von dort kommt man auch zum schwarzen, 1 km langen Lavastrand **Playa de Janubio:** Wild peitscht der Wind die Wellen an die niedrigen Klippen, mit etwas Glück findet man in den abgesplitterten Lavabrocken grünen Olivin (s. S. 109).

❯ **Mirador de las Salinas,** LZ-703, Tel. 928173070, tgl. 11 – 21 Uhr, wechselnder Ruhetag. Terrassenlokal mit Blick auf die Salinen, besonders beliebt zum Sonnenuntergang: Señora Belén serviert u. a. Salat mit Langustenfleisch oder Wrackbarsch auf Meeresfrüchte-Risotto. Auch wer nur auf ein Getränk vorbeikommt, ist willkommen!

Salzblüte

Meersalz ist reich an Kalzium und Magnesium und hat einen intensiven Geschmack. Die oberste, besonders mineralreiche Salzschicht heißt Flor de Sal (Salzblüte) und wird in dekorativen Behältern verkauft (am günstigsten beim Produzenten in der Bodega de la Sal, LZ-703, Km. 2, www.salinasdejanubio. com, Mo – Fr 9 – 14 Uhr).

26 Los Hervideros ★★★ [B10]

Der Küstenabschnitt, der sich nördlich an die Salinen anschließt, trägt seinen Namen zurecht: **Los Hervideros** („kochende Kessel"). Die starke Meeresbrandung hat die von Höhlen zersiebten Klippen zum Einsturz gebracht und stößt nun im Wellentakt Wasser durch die aufgebrochenen Löcher. Dieses schießt wie eine Fontäne hervor, eine brodelnde Hexenküche, die nie zur Ruhe kommt. Wer das Spektakel von Nahem betrachten will, legt am einzig vorhandenen Parkplatz eine Pause ein und spaziert auf dem gesicherten Pfad die Klippen entlang (Eintrittsgebühr ist geplant).

27 El Golfo ★★★ [B9]

Wenige Kilometer nordwärts ist ein weiteres eindrucksvolles Naturschauspiel zu bewundern: der **Charco de los Clicos.** In Tausenden von Jahren ist die dem Meer zugewandte Seite eines Vulkankraters von den Fluten abgerissen worden – entstanden ist eine ovale Lagune, deren smaragdgrüne Farbe starkem Algenwuchs zu verdanken ist (**Lago Verde,** „grüner See"). Landeinwärts wird der See von 60 m hohen Kraterwänden hufeisenförmig flankiert – ihr Ocker, Rot und Gelb kontrastiert mit dem pechschwarz glitzernden Sandstrand.

Bis vor kurzem konnte man zum Charco von einem südlich des Kratersees nahe der Straße Salinas de Janubio – El Golfo gelegenen Parkplatz gelangen. Doch seit dieser Zugang wegen Steinschlaggefahr gesperrt ist, bleibt die Lagune nur noch vom nördlich gelegenen Fischerdorf El Golfo erreichbar. Vom Parkplatz am dortigen Ortseingang gelangt man auf einem Lavaweg oberhalb des Dorfstrandes

013ir Abb.: gs

zur Aussichtsplattform **Mirador Vista del Lago Verde,** von der man die Lagune aus der Vogelperspektive überblickt (Eintrittsgebühr ist geplant).

Im Dorf **El Golfo** gibt es mehrere Fischrestaurants – und dies vor einer dramatischen Kulisse! Möwen setzen zum Sturzflug an, wilde Wogen branden heran und zerschellen nur wenige Meter vor den Tischen. Hier schmecken frischer Fisch *(pescado fresco),* Napfschnecken *(lapas)* und anderes Meeresgetier, dazu Runzelkartoffeln mit Koriandersoße *(papas arrugadas con mojo verde).*

EXTRATIPP

Zum Sonnenuntergang

Als riesige, glühend rote Scheibe versinkt die Sonne hinter dem Westhorizont. Vom Fischerdorf El Golfo ist das Spektakel am schönsten zu betrachten. Nicht schlecht ist auch der Blick vom Mirador de las Salinas (s. S. 42) und von Femés ⮕ (so von der Terrasse der Casa Emiliano, s. S. 47, bzw. vom Aussichtsbalkon an der Abbruchkante des Ajaches-Massivs).

㉘ Yaiza ★★   [D9]

Die Häuser des Dorfes sind so weiß, als würden sie jedes Jahr gestrichen, rundum blühende Gärten und palmenbepflanzte Straßen. Stets ist im Ortskern eine Putzkolonne unterwegs, die noch die kleinsten Krümel aufkehrt. Das Bilderbuchdorf an der LZ-2 lohnt einen Zwischenstopp, dank guter Unterkünfte kann man hier auch seinen gesamten Urlaub verbringen: in kleinen Landhotels vor der Silhouette der Feuerberge.

Mittelpunkt von Yaiza ist die langgestreckte **Plaza de los Remedios,** deren Bänke im Schatten von Palmen und Pfefferbäumen zur Pause einladen. Am oberen Ende des Platzes erhebt sich die **Iglesia de Nuestra Señora de los Remedios,** errichtet zu Ehren „Unserer Lieben Frau der Nothelfer". Da Madonna persönlich das Dorf 1824 vor den glühenden Lava-

⌃ *Los Hervideros* ㉖ –
Logenplatz über den Wellen

O14lr Abb.: gs

strömen bewahrte, darf sie nun in geheimnisvoll-blaues Licht getaucht auf einer Mondsichel schweben. Alljährlich Anfang September wird sie bei der zentralen Fiesta durch die Gassen des Dorfes getragen. Allein der Madonna mochte der Pfarrer nicht vertrauen, weshalb er vorsichtshalber den Schriftzug *Hic omnia Remedia* anbringen ließ, zu Deutsch: „Hier sind alle Nothelfer". Über dem Altarraum spannt sich eine bunt bemalte Holzkuppel, kunstvoll geschnitzt sind die Mudéjar-Decken der beiden Kirchenschiffe. Einen Blick lohnt auch das Gebäude am unteren Kopfende des Platzes: Das ehemalige Geburtshaus des Literaten Benito Pérez Armas (1871–1937) ist mit seinen weißen, kubischen Formen ein gutes Beispiel für traditionelle Architektur. Die hier untergebrachte **Casa de la Cultura** zeigt rings um einen Innenhof Kunstausstellungen. Noch mehr Kunst ist in der **Galería Yaiza** am Südwestrand von Yaiza zu sehen. In der ehemaligen Dorfschmiede werden Werke auf den Kanaren lebender Künstler gezeigt, u. a. naive Gemälde von Pedro Tayó, expressionistische Farborgien von Friedhelm Berghorn und die von Gomeras Natur inspirierten Radierungen Guido Kolitschers; natürlich auch Bilder von Veno, dem 1998 verstorbenen Künstler, der die Galerie gemeinsam mit seiner Frau Friedel aufgebaut hat. Für Fotofreunde interessant sind die historischen Aufnahmen von Gustav Lehmann, die einen Eindruck davon vermitteln, wie Lanzarote vor dem Tourismus aussah.

❯ **Iglesia de Nuestra Señora de los Remedios,** Plaza de los Remedios s/n, tgl. 9–19 Uhr

❯ **Casa de la Cultura,** Plaza de los Remedios 1, meist Mo–Fr 9–13 und 17–19 Uhr, Eintritt frei

❯ **Galería Yaiza,** Carretera General 13, Mo–Sa 17–19 Uhr

⌂ *Blick von der Casa de Hilario auf Yaiza* **28**

Unterkünfte

Zur Wahl stehen mehrere attraktive Landhotels sowie Casas Rurales, die z. B. über www.casarurallanzarote. org, Tel. 928529833, buchbar sind.

> **Casa de Hilario** €€€ <052> Calle Muyay 19, Tel. 928836262, www.casade hilario.com, 7 Zimmer. Das 200-jährige Anwesen liegt knapp außerhalb des Ortes Richtung Feuerberge. Es präsentiert sich als exzentrisches Refugium. Die Räume sind mit Chinoiserien eingerichtet, Gemälde zeigen blassgesichtige Geishas und stolze Samurai mit Schwert. Die Zimmer gruppieren sich um einen Innenhof, ein jedes anders in Farbe, Ausdruck und Ausblick, doch immer mit gemauertem Mobiliar im Lanzarote-Stil. Gefrühstückt wird im begrünten Patio oder auf der Terrasse, den Sonnenuntergang genießt man am (beheizten) Pool mit Weitblick auf Feuerberge und Meer. Im schönen Kaminzimmer klingt der Tag aus. Nebenan befindet sich das Restaurant Casa Santiago.

> **La Casona de Yaiza** €€€ <053> Calle El Rincón 11, Tel. 928836262, www. casonadeyaiza.com, 8 Zimmer. Komforthotel in einem alten Herrenhaus am Ostrand des Ortes. Verspielt sind die Zimmer mit erotisierenden Malereien auf Wand, Decke und Mobiliar. Die unterirdische Zisterne dient als Galerie, im Innenhof befindet sich ein schmucker Pool mit Jacuzzi. Da es nur wenige Zimmer gibt, fühlt man sich „ganz privat", rasch kommt man mit anderen Gästen in Kontakt. Empfehlenswert ist das Restaurant in der ehemaligen Bodega, wo kreative kanarische Küche nebst guten Inseltropfen serviert wird.

Essen und Trinken

Für einen kleinen Happen und einen Schluck Inselwein empfiehlt sich die namenlose Bar an der Plaza de los Remedios (nicht zu verwechseln mit dem benachbarten Großlokal, in dem Busgruppen abgeladen werden). Wer „richtig" essen will, findet in der **Casona de Yaiza** (s. S. 45) und in der **Mirador de las Salinas** (s. S. 42) gute Lokale. Außerdem:

> **La Bodega Santiago** €€ <054> Calle Muyay 23, Tel. 928836204, Di–So ab 12.30 Uhr. Zu Ehren von Señor Santiago, der jahrzehntelang die namenlose Bar an Yaizas Hauptplatz führte, richtete die Familie in seinem Wohnhaus eine Bodega ein. Draußen sitzt man romantisch unterm Feigenbaum, drinnen rustikal. Dazu kostet man Fisch und Fleisch nach Santiagos Originalrezepturen, z. B. *taquitos de cherne* (Wrackbarsch mit Gemüse) und als Nachspeise *quesillo* (Käsekuchen). Das Lokal liegt knapp außerhalb von Yaiza an der Straße zu den Feuerbergen.

Einkaufen

> **Centro de Artesanía (Antigua Escuela)** <055> Calle La Cuesta 1, So geschlossen. Das „Kunsthandwerkszentrum" in der ehemaligen Dorfschule bietet Schmuck-, Leder- und Kulinaria-Läden. Bei „La Route des Caravanes" stammt alles aus Marokko: Brokatstoffe mit Sternen und Monden, dazu Laternen und Lüster, Silberkännchen mit Tablett für Pfefferminztee, schöne Gewänder für Sie und Ihn.

 Uga ⋆ [D10]

Flache weiße Würfelhäuser liegen in einem Lavatal, schlanke Palmen recken ihre Kronen empor. Die **Iglesia de San Isidro Labrador,** eine moderne Schöpfung von Luis Ibáñez Margalef (s. Puerto Calero ⑰), fügt sich harmonisch ins Ortsbild ein. Auf ihrem Vorplatz findet am Wochenende ein kleiner Markt statt. Bei Kanariern ist Uga für seine Ringkampfschule bekannt, bei Urlaubern für die – recht teure – Lachsräucherei an der Durchgangsstraße und für die Dromedar-Station. Jeden Morgen trotten die Tiere in den Nationalpark, um Touristen über Vulkanpisten zu schaukeln. Nachmittags, meist gegen 16 Uhr, kehren die majestätischen Tiere zurück. Leider kann man sie nicht mehr auf der Durchgangsstraße sehen. Nachdem es zu Unfällen kam, passieren sie die LZ-2 via „Kameltunnel".

Unterkünfte

› **Casa El Morro** €€€ <056> El Morro 1, Tel. 928830392, www.casaelmorrolanza rote.com, 6 Apartments. Schönes Landhaus aus dem 18. Jh.: alle Wohnungen mit Holzbalkendecke und Terrakotta-Boden, Teakholzmobiliar und kräftigbunten Stoffen. Die Besitzerin Raquel, eine begeisterte Asienreisende, sorgt dafür, dass alles zusammenpasst. Die größte Casita (für max. 6 Pers.) ist nach ihr benannt, auch „Isadora" bietet Platz für eine ganze Familie. Pärchen verbringen romantischen Urlaub im „Aljibe", einer ausgebauten Zisterne. Dazu gibt es einen Garten mit Terrasse und Pool, Palmen und Bougainvilleen sowie eine große Jurte für Meditation und Massage.

015ir Abb.: gs

30 Femés ★★ [C10]

Das stille **Bergdorf** an der Abbruchkante des **Ajaches-Massivs** lohnt einen Stopp: Vom **Balcón de Femés**, einer Plattform, an der das Gebirge jäh zur Rubicón-Ebene abstürzt, schaut man über eine Halbwüste auf die Meerenge hinab, jenseits derer die Inseln Lobos und Fuerteventura liegen. Gegenüber der Aussichtsterrasse steht die gleißend helle Dorfkirche. Sie ist San Marcial geweiht, dem einstigen Bischof von Limoges und Schutzpatron der Insel. 1404 erkor der Papst die **Iglesia de San Marcial** (die damals noch an den Papagayo-Stränden **21** stand, siehe dort), zum Bischofssitz der Kanaren, der ersten christlichen Bastion in Übersee. Mit der Eroberung Gran Canarias wanderte das Bistum auf die „große" Insel ab; die Strandkirche wurde öfters von Piraten geplündert. Um sie vor weiteren Überfällen zu bewahren, wurde sie 1733 ins 600 m höhere Femés verlegt, daneben entstand eine Pilgerherberge – die Keimzelle des heutigen Dorfs. Noch heute kommen Anfang Juli Tausende von Pilgern zum großen Inselfest, um der in der Kirche aufgestellten Heiligenstatue Tribut zu zollen. Die 30 Schiffsmodelle in der Kirche stammen von Fischern, die sie ihrem Patron nach überstandener Seenot stifteten.

› **Iglesia de San Marcial**, Plaza de Femés s/n, unregelmäßig geöffnet

◁ *Casa El Morro de Uga*

▷ *Blick auf Femés* **30**

016ir Abb.: fo©Jörg Hackemann

Essen und Trinken

❯ **Casa Emiliano** €€ ‹058› Femés 34, Tel. 928830223, Di–So ab 10 Uhr, Juni geschl. Seit Señora Vicenta vor vielen Jahren das Terrassenlokal gegründet hat, ist es eine Institution. Heute stehen ihre Kinder in der Küche, doch das Essen schmeckt immer noch gut, z. B. *estofado de cabra* (Ziegengulasch) mit viel Knoblauch in Olivenöl. Der würzige Käse stammt von den hauseigenen Ziegen.

Käseprobe

Die Passatwolken, die an den Bergspitzen des Ajaches-Massivs hängenbleiben, sorgen dafür, dass selbst in der Halbwüste Pflanzen gedeihen. Diese sind das Futter von Ziegen, aus deren Milch hervorragende Molkereiprodukte entstehen. Hinter der Kirche verkauft Señor Basilio halbgereiften Käse *(semicurado)*, reifen Käse mit Gofio- bzw. Paprikarinde *(curado con gofio/pimentón)* sowie Räucherkäse *(ahumado)*. Vor dem Kauf darf probiert werden – einen Schluck aus der hauseigenen Bodega gibt es gratis dazu.

❯ **Quesería Rubicón** ‹057› Plaza de San Marcial 3, Mo–Sa 10–20, So 10–15 Uhr

Feuerberge und Weinstraße

Vulkane von Schwarz bis Rostrot, zertrümmerte Lavaebenen und Aschetäler: Die Inselmitte polarisiert die Besucher. Die einen preisen die nach außen gestülpte Erdgewalt, die anderen fürchten das dunkle Panorama und lehnen es ab. Unbestritten ist, dass Lanzarotes **Feuerberge** einzigartige Landschaftsbilder vermitteln – wie von einem andern Stern. Von der LZ-67 aus kann man sie in Augenschein nehmen (Yaiza – Mancha Blanca 16 km).

Außergewöhnlich ist es, wie die Menschen den scheinbar unfruchtbaren Boden nutzen. Seit sie entdeckt haben, dass die nussgroßen Lavakörnchen vor Verdunstung schützen, pflanzen sie in den schwarzen Boden Malvasier- und Moscatel-Reben, die – mithilfe von Tau und Passatwolken – Früchte tragen. Die Reben wachsen nicht am Stock, sondern in einer tief in den Lavaboden eingelassenen Mulde. Tausende solcher Mini-Krater überspannen die Hänge und erscheinen als gigantisches Landschaftskunstwerk. Erschlossen wird das **Weintal La Geria** durch die

LZ-30, an der ein Dutzend Bode-gas aufgereiht sind (Uga – Mozaga 17 km). Jenseits davon liegen klei-ne Orte, in denen man seinen Urlaub unter Einheimischen verbringt. In La Santa an der Küste entstand ein gro-ßes Sport-Resort.

31 Parque Nacional de Timanfaya ★★★ [D8]

Kaum zu fassen, dass die Inselmitte einst der fruchtbarste Teil von Lanza-rote war. Doch in den Jahren 1730–36 und dann noch einmal 1824 öff-nete sich die Erde mit Explosionen, Gaswolken und Ascheregen. Ströme heißer Magma wälzten sich über Fel-der und Wiesen. Das damals entstan-dene „schlechte Land" *(malpaís)* er-streckt sich heute über 167 Quadrat-kilometer und bedeckt somit fast ein Viertel der Insel. Der interessanteste Teil wurde zum Nationalpark erklärt und umfasst die Feuerberge und das angrenzende Lavameer. Höchste Er-hebung ist mit 510 m der Pico de Ti-manfaya, benannt nach dem unter ihm verschütteten Dorf. Für Besucher wurden an der LZ-67 drei Anlaufpunk-te eingerichtet: Von Süden kommend passiert man zunächst die **Dromedar-station Echadero de los Camellos**, dann folgt der **Islote de Hilario**, wo die „Ruta de los Volcanes" ihren Ausgang nimmt, und zuletzt das **Centro de Vi-sitantes Mancha Blanca** mit einer an-schaulichen Lehrstunde in Vulkanis-mus. Bei sonnigem Wetter entfalten die Vulkane ihre ganze Farbenpracht. Wer die drei Orte in Ruhe kennenler-nen will, sollte mindestens einen hal-ben Tag einplanen. Es empfiehlt sich, die Tour morgens zu starten oder auf die Nachmittagsstunden zu verlegen, denn zur Mittagszeit herrscht – vor al-lem am Islote – Hochbetrieb.

32 Echadero de los Camellos ★ [D9]

Gnadenlose Vermarktung von Karawanenflair: Bei Km. 16,2 der LZ-67, am Fuße der Montaña Tim-anfaya, liegt der „Ruheplatz der Ka-mele". Von Ruhe kann freilich keine Rede sein: Unentwegt rollen auf dem Parkplatz Mietwagen und Ausflugs-busse an. Ihnen entspringen Urlau-ber, die rasch zu den wartenden **Ka-melen** eilen. Durchschnittlich sind es 1000 Touristen täglich, die den Ritt auf dem Wüstenschiff wagen – für die Kameltreiber ein höchst einträgli-ches Geschäft. 15 bis 20 Minuten (je-des Jahr ein bisschen weniger) wer-den die Touristen über Vulkanhügel geschaukelt, bevor sie gut durchge-rüttelt wieder am Zielort eintreffen.

❯ **Echadero de los Camellos** (Dromedar-station), tgl. 10–14 Uhr, 8 € p.P.

KURZ & KNAPP

Kamelkunde

Einst war das Kamel (bzw. das ein-höckrige Dromedar) das wichtigste Transportmittel der Insel, Pflugtier und Lastträger. Mit der Einführung von Autos und Maschinen wurde es obsolet, doch als Touristen-Träger durfte es wiederauferstehen. Heute gibt es auf der Insel mehrere Hundert „Wüstenschiffe", die von 20 profes-sionellen Kameltreibern abgerich-tet werden. Ein ausgewachsenes Tier wiegt 400 kg und verputzt 3 kg Getreide und 14 kg Luzerne (Alfalfa) pro Tag, dazu trinkt es 30 l Wasser. Doch es kann auch eine volle Woche ohne Speis und Trank auskommen und dabei sogar schwere Lasten tragen.

▷ *Zutritt verboten (außer auf dem Kamel)*

③ Ruta de los Volcanes – Kegel, Krater, Aschewüsten ★★★ [D8]

Ab 1730 sahen sich die Bewohner mit langen **Vulkanausbrüchen** konfrontiert: 2053 Tage spuckte die Erde Feuer, Vulkane erhoben sich aus dem Boden und stürzten wieder ein. Durch eine 14 km lange Bresche drang fließende Lava an die Erdoberfläche. Asche und Lapilli schossen unter hohem Druck durch die Luft und regneten weit entfernt nieder. Als die Ausbrüche schließlich verebbten, waren 11 Dörfer von der Erdoberfläche verschwunden. An ihrer Stelle ragten 32 neue Vulkane auf, die den Namen Montañas del Fuego (Feuerberge) erhielten ...

Egal ob man sich dem **Nationalpark** auf der LZ-67 von Süden oder von Norden nähert, die Szenerie ist gleichermaßen imposant: Man durchfährt erstarrte Lavaströme und schwarz aufgebrochene Schlackefelder, passiert bei Km. 13,8 den Abzweig der LZ-602, wo an einem Wachhäuschen abkassiert wird. Wer das Eintrittsgeld entrichtet hat, fährt gut 1 km weiter zum großen Parkplatz am **Islote de Hilario.** Als „Islote" (Inselchen) bezeichnet man jene Erhebung, die nicht von Lava überspült wurde. Auf ihr lebte 50 Jahre der Einsiedler Hilario mit seinem Kamel. Heute erinnert nichts mehr an den Namen des Orts: Uniformierte Parkwächter empfangen die Besucher und weisen ihnen den Weg zu einem Plateau, wo alle paar Minuten eine **Vorführung** stattfindet: Parkangestellte legen trockenen Dornlattich in eine Vertiefung. Erst beginnt der Lattich zu kokeln, dann brennt er lichterloh. Natürlich kommt kein Feuerritual ohne Wasser aus: In Stahlröhren, die 10 m tief in die Erde reichen, wird Wasser geschüttet. In Sekundenschnelle zischt es in einer Fontäne nach oben – die Hitze hat es im Nu verdampfen lassen. Die Erdhitze verdankt sich einer

Eruptionskammer mehrere Kilometer unter der Oberfläche, in der flüssiges Magma von 800 °C eingeschlossen ist. Durch Luftspalten dringt es nach oben, wobei es allmählich abkühlt; an der Erdoberfläche misst es immerhin noch 120 °C. Wer den Boden anfasst, spürt die Wärme; ein in die Hand genommener Lapillistein ist so heiß, dass er die Haut zu versengen droht! Im benachbarten, von César Manrique entworfenen Restaurant **El Diablo** („Der Teufel") wird die Erdhitze effektvoll genutzt: Einem schwarzen, schier bodenlosen Vulkanbrunnen entströmen so heiße Dämpfe, dass das auf einem Grillrost über der Öffnung platzierte Fleisch wunderbar knusprig wird.

Höhepunkt des Besuchs ist die **Ruta de los Volcanes:** Im Bus wird man 30–40 Minuten durch eine „Mondlandschaft" gefahren Im Schritttempo geht es am Rande von Kratern entlang, man passiert einen Hohlweg erkalteter Lava, die sogenannte „Feuerschlucht" (Barranco del Fuego), von der die Lanzaroteños lange glaubten, sie sei der Eingang zur Hölle. Durch den „verbrannten Kessel" (Caldera Quemada) gelangt man zum „Tal der Ruhe" (Valle de la Tranquilidad). Vom Gipfel des Timanfaya erscheint die tief unten liegende Dromedarstation wie aus dem Spiel-

⌃ *Wie von einem anderen Stern*

zeugkasten. Während der Fahrt wird vom Band die Chronik des Pfarrers aus Yaiza abgespult, der Zeuge der Vulkanausbrüche war, und es erklingt dramatische Musik. Das Zarathustra-Motiv von Richard Strauss setzt den fulminanten Schlusspunkt.

> **Ruta de los Volcanes,** Zufahrt über die LZ-67 Km. 13,8, Tel. 928844056, tgl. 9–17.45 Uhr (letzte Busrundfahrt 17 Uhr), im Sommer eine Stunde länger; Bustour inkl. Eintritt 9 €, Kinder 7–12 Jahre 4,50 €, billiger beim Kauf einer Mehrfachkarte (s. Lanzarote preiswert, Seite 121); wer rechts im Bus sitzt, sieht mehr; Erklärungen auf Deutsch über Kopfhörer inkl.

> **El Diablo** €€, Tel. 928173105, 12–15.30 Uhr

☐ *Fleisch vom Lavagrill – „beim Teufel" (Restaurant El Diablo, s. S. 51)*

34 **Mancha Blanca** ★★ [E7]

Bei Km. 9,6 (LZ-67) kann das Erlebte theoretisch vertieft werden: In einem weißen Flachbau mitten im schwarzen Lavastrom ist ein **Besucherzentrum** untergebracht. Multimedial führt es in die Welt der Vulkane ein, Videos, Schautafeln und Modelle illustrieren, wie es zu Eruptionen kommt (Erklärungen auf Deutsch). Nie wirkt die Belehrung trocken, die reale Lavalandschaft ist stets präsent: Durch große Panoramafenster blickt man auf eine chaotische Trümmerwüste aus Schlacke. In einem Simulationssaal werden die Besucher akustisch und visuell mit der Wucht der Erdgewalt konfrontiert. Sehenswert ist auch der Doku-Film über die Geschichte der Feuerberge.

> **Centro de Visitantes Mancha Blanca,** Tel. 928840839, 9–16.30 Uhr, Eintritt frei. Hier kann man sich auch zu Gratis-Wanderungen anmelden.

Küstenwanderung

Die einzige Wandertour, die im Nationalpark in Eigenregie unternommen werden kann, startet an der über eine Wellblechpiste erreichbaren Playa de la Madera. Sie führt längs der Küste 9 km (5 Std.) zum Fischerdorf El Golfo. Auch wer nur ein Stück der Tour abläuft, gewinnt schöne Eindrücke von den wild-einsamen, windgepeitschten Klippen. Sonnenschutz, Trinkwasser und Proviant nicht vergessen! Mittels Carsharing könnten Sie auch die ganze Tour laufen: Freunde bringen Sie zum Startpunkt an der Playa de la Madera und holen Sie zum verabredeten Zeitpunkt in El Golfo ab, wo Sie gemeinsam Fisch essen können (am darauffolgenden Tag werden die Rollen getauscht).

Sport satt

Nicht nur Spitzensportler machen sich in La Santa fit, auch „normale" Sportsfreunde buchen sich ein, um auf Profi-Niveau zu trainieren. Es gibt zwei 50 m lange olympische Schwimmbecken, ein Leichtathletikstadion und eine Sporthalle, einen Fußball- und einen Golf-Trainingsplatz, Tennisplätze und Squashcourts, eine PADI-Tauchbasis sowie eine Surf- und Kiteschule. Im ruhigen Wasser der benachbarten Lagune tummeln sich Surfanfänger. Die Gäste wohnen in 400 funktionalen Apartments und verfügen über Restaurants, Bars und einen Supermarkt. Die gesamte Anlage wird mit Solar- und Windkraft betrieben sowie einem geothermischen Kraftwerk, das Lanzarotes vulkanische Wärme nutzt.
> **Club La Santa** €€€ <061> dt. Büro: Tel. 040 555370, www.clubla santa.de, s. auch Ironman, S. 93

2 km vom Besucherzentrum befindet sich das Streudorf **Mancha Blanca**. In seinem Zentrum steht die Kirche **Ermita de Nuestra Señora de los Dolores** zu Ehren der „Vulkanjungfrau". Noch heute wird ihr hoch angerechnet, dass sie 1736 die Lavaströme vor dem Dorf zum Halten brachte. Am 15. September findet ihr zu Ehren eine große Fiesta mit einer wichtigen Kunsthandwerksmesse statt (Feria de Artesanía).

🔟 Tinajo ⭐ [F7]

Das 3000 Einwohner zählende Gemeindestädtchen ist Schnittpunkt wichtiger Inselstraßen. Schönster Ort für eine Pause ist die mit Palmen bepflanzte **Plaza de San Roque** (Sonntagvormittag gut sortierter Bauernmarkt!). An ihrer Nordseite steht die über 200 Jahre alte Dorfkirche mit typischer Mudéjar-Decke und opulentem Barockaltar.

Essen und Trinken

> **Mezza Luna** € <059> Av. La Cañada 22, Tel. 928840141, 12–23 Uhr. Gemütliche Trattoría an der Straße nach La Santa. Bei Lorenzo und Donato gibt's vorneweg warme Brötchen mit Kräuterbutter, dann hausgemachte Pasta und Pizza. Wer Feineres bevorzugt, wählt diverse Carpaccio- und Filetvarianten. Süßschnäbel lassen sich das hausgemachte Mousse au Chocolat nicht entgehen!

🔟 La Santa ⭐ [F6]

Im Küstenort La Santa hat man offenbar von César Manrique und dem von ihm kreierten Lanzarote-Baustil nie etwas gehört. Die Seitenstraßen wirken heruntergekommen; im kleinen Hafen liegen Fischerboote vor Anker, auch sie sind nicht für Urlauber herausgeputzt. An der einsamen Lagunenküste 2 km nordöstlich des Dorfes wartet eine andere Welt: Dort befindet sich der **Club La Santa**, eines der größten Sporthotels Spaniens.

Essen und Trinken

Längs der Hauptstraße (Av. El Marinero) reihen sich Snack-Lokale. Außergewöhnlich gut, aber etwas teurer:

> **Amêndoa** €€–€€€ <060> Av. del Marinero 20, Tel. 928838252, www.amendoa lasanta.com, Mo 18.30–22.30, Di–So 13–15.30, 18.30–22.30 Uhr. Gäste werden mit einem Glas Brut-Sekt begrüßt und nehmen in bequemen Flechtstühlen auf der Terrasse Platz. Im Hintergrund ertönen Samba-Rhythmen. Lucy, die brasilianische Besitzerin, bringt eine Tafel, auf der die Tagesgerichte angeschrieben sind: Stets sind sie leicht, mit frischen Kräutern gewürzt und von allen Kontinenten inspiriert!

37 Sóo ★ [G6]

Das unscheinbare Dorf mit dem kurzen Namen liegt an einem Vulkanhang auf der Strecke nach La Caleta

🔽 *Exotischer Garten mit traditioneller Mühle*

– mit Blick auf eine versteppt-monotone Landschaft. Gegründet wurde es von arabischen Sklaven, die hier im 16. Jahrhundert angesiedelt wurden. Maurisch wirkt die winzige **Ermita de San Juan** mit einer Kuppeldecke und minarettartigem Glockenturm.

38 Tiagua ★ [G7]

Das Bauerndorf ist umgeben von Lavafeldern, aus denen Kakteen lugen; stellenweise wachsen auch Kartoffeln, Tomaten und Mais. Vom einstigen Getreideanbau zeugen **zwei prächtige Mühlen**; eine steht gegenüber der weißen Dorfkapelle, eine zweite bildet den Mittelpunkt des Museumsdorfs El Patio 39.

39 Landgut El Patio – Leben anno dazumal ★★ [G7]

El Patio ist der **Gutshof des ehemaligen Markgrafen von Lanzarote**. Seit 1845 ist er in Betrieb, zeitweise arbeiteten auf dieser „größten Finca der Insel" mehr als 25 Bauern. Heute wirkt das Landgut wie ein kleines, in sich geschlossenes Dorf, in dem man sich in vergangene Zeiten zurückversetzt fühlt. Señor Barreto, der jetzige Besitzer, ist ein begeisterter Sammler. Was er in jahrelanger Arbeit zusammengetragen hat, sagt viel aus

über das Landleben anno dazumal. Zu sehen sind Töpferwaren, Webstühle und Ackergerät, ein Steinofen zum Backen von Brot und eine große Weinpresse. Historische Fotografien führen in das frühe 20. Jh. Ausgestellt ist all dies im alten Herrenhaus, das sich schon aufgrund seiner archaischen Schönheit zu besichtigen lohnt. Nicht nur Kinder freuen sich über das Tiergehege mit Ziegen, Esel und Dromedar; im herrlich wuchernden Garten laufen Hühner frei umher. Im Schatten der Windmühle befindet sich ein Gasthaus mit einer urigen Bodega, wo man unter einer Pergola Platz nimmt und ein Gläschen des hauseigenen Weins Marke El Patio probiert. Dazu gibt es Ziegenkäse und Oliven – natürlich stammen auch sie aus eigener Produktion. Zum Abschluss kann man über die Weinfelder des Guts zu einer Höhle spazieren, die schon von den Ureinwohnern bewohnt wurde.

> **Museo Agrícola El Patio**, Echedey 18, Tel. 928529134, Mo–Fr 10–17.30,

Sa 10–14.30 Uhr, Eintritt 5 € inkl. Wein- und Käseprobe; am Eingang bekommt man ein Faltblatt mit Geländeplan (Anfahrt: ab Kreuzung LZ-20/LZ-401 ausgeschildert).

José Saramagos „Haus der Bücher"

Durch den Literaturnobelpreis geadelt, blieb er gleichwohl ein streitbarer Zeitgenosse. Die Entscheidung, nach Lanzarote umzusiedeln, traf Saramago 1992: Als das portugiesische Kulturministerium sein „Evangelium nach Jesus Christus" von der Nominiertenliste für den Europäischen Literaturpreis streichen ließ, weil es angeblich die Nation spalte, verließ er seine Heimat Portugal. In Tías verfasste er seine Klassiker „Die Stadt der Blinden", „Die Reise des Elefanten", „Der verdoppelte Mensch" und die „Cuadernos de Lanzarote". Doch

er schrieb nicht nur, sondern mischte sich auch ein, woraufhin auf Demonstrationen lautstark skandiert wurde: „Saramago - hau ab!" Der Autor hatte sich für Schwarzafrikaner eingesetzt, die auf der Suche nach einem besseren Leben unter größten Gefahren auf die Kanaren übersetzten. Und er hatte es gewagt, jenen Lanzaroteños Rassismus vorzuwerfen, die die Ankunft der Schwarzen als „ausländische Invasion" brandmarkten.

2010 ist José Saramago auf Lanzarote gestorben, sein Anwesen hat seine Frau, die Journalistin Pilar del Río,

40 Mozaga ★★ **[G8]**

An der zentralen Straßenkreuzung ragt César Manriques kubistisch inspiriertes **Monumento al Campesino** auf, das „Denkmal zu Ehren der Bauern". Auch das angrenzende **Museumsdorf,** die Casa Museo del Campesino, stammt vom Künstler: ein Anwesen im Lanzarote-Stil mit grünen Fenstern und Minaretttürmchen sowie einer **Tapas-Bar**. Später wurde das „Dorf" um ein **unterirdisches Restaurant** im Stil des Meisters erweitert: Über eine geschwungene Treppe steigt man in die kühle Unterwelt ab und betritt zwei höhlenartige, weiß getünchte Säle mit futuristischen Glasluken (zurzeit nur Gruppenreservierung). Durch eine tunnelförmige Grotte kehrt man ins gleißende Tageslicht zurück und gelangt in einen großen, etwas sterilen Innenhof, der von musealen **Werkstätten** und Läden gesäumt ist. Kurios ist eine Galerie, in der vom Töpfer Juan Brito entworfene Mitglieder der altkana-

O23lr Abb.: gs

rischen Herrscher-Dynastie stehen: von Prinzessin Icó bis zum letzten Inselkönig Guardafía.

> **Casa Museo del Campesino** <062> Tel. 928520136, 10–17.45 Uhr, Eintritt frei, Restaurant/Tapas-Bar tgl. 12–16.30 Uhr

◁ *Manriques Fruchtbarkeitsdenkmal aus recycelten Wasserkanistern*

◺ *Caserío de Mozaga – Gutshaus auf einer Lavascholle*

nun in ein öffentliches „Haus der Bücher" verwandelt. Es teilt sich in eine Wohn-Hacienda und in eine Bibliothek, die Saramagos Persönlichkeit spiegeln: statt Pomp praktisch-schöne Funktionalität, Bücher als Lesestoff und nicht als Prestigeobjekt, Gemälde mit Figuren aus Saramago-Romanen und Erinnerungsfotos aus einem langen Leben.
    In der großen Küche, in der einst Kulturschaffende von Weltrang saßen (u. a. Mario Vargas Llosa, Claudia Magris, Juan Goytisolo, Pedro Almodóvar) wird Besuchern Kaffee serviert.

Mit der Tasse in der Hand schlendert man in den Garten, wo Olivenbäume und Korkeichen aus Portugal stehen, und schaut über Vulkanhänge aufs Meer ...

> **A Casa José Saramago** <065> Calle Los Topes 2, Tías, Tel. 928833526, www.acasajosesaramago.com, Mo–Sa 10–14.30 Uhr, Führungen alle 30 Min., zuletzt 13.30 Uhr, Eintritt 8 €; erreichbar mit Bus 5, 19, 34 oder 60 (Haltestelle Tías Centro) – ein 4 m großer Eisen-Olivenbaum zu Beginn der Calle José Saramago weist den Weg.

O24lr Abb.: gs

Wein von der Insel?

Vom kanarischen Wort *la geria* (kleine Mulde) hat die Landschaft ihren Namen: Tausende von *gerias*, die der Weinrebe Wind- und Verdunstungsschutz bieten, bedecken die Vulkanhänge. Aus diesen wird Lanzarote-Wein gewonnen, der Besuchern angeboten wird. Freilich wird immer wieder die Vermutung geäußert, die Menge der geernteten Reben könne nie und nimmer ausreichen, um die Millionen Flaschen zu füllen, die alljährlich ausgeschenkt werden. Was an Reben fehle, werde eben, so sagt man, von anderswo importiert ...

Unterkünfte

› **Caserío de Mozaga** €€€ <063> Calle Malva 8, Tel. 928520060, www.caseriode mozaga.com, 8 Zimmer. Das Gutshaus aus dem 18. Jh. wurde in ein nostalgisches Landhotel verwandelt: Zimmer mit Dielen- bzw. Terrakottaboden sowie antikem Mobiliar, einige erreichbar über den blumenumrankten Patio, andere über den Lavagarten. In einigen Bädern findet man zur Erinnerung an frühere Zeiten den guten alten Waschtisch mit Porzellanschüssel. Zum Hotel gehören Lesezimmer und Salon sowie ein stilvolles Restaurant. Stets vor Ort ist María Luisa, die gut Deutsch sprechende Besitzerin.

㊶ San Bartolomé ⭐ [G8]

Das weit ausfransende Gemeindestädtchen hat einen attraktiven Kern: An der Plaza León y Castillo stehen eine Kirche von 1789, ein Rathaus mit hohem Turm sowie ein kleines Theater. Geht man von der Plaza durch den Torbogen hinab, quert die Straße und läuft dann geradeaus, kommt man zur Flanierstraße mit der **Casa Cerdeña** (Dr. Cerdeña Bethencourt 17) und anderen schönen Stadthäusern. Nahebei befindet sich ein privates **Ethnografisches Museum,** das ein Sammelsurium von schönen Dingen anno dazumal zeigt: Trommeln und Timples, landwirtschaftliche Geräte, Webstühle und Nähmaschinen, Trachten und Karnevalsfiguren ...

› **Museo Etnográfico Tanit** <064> Calle Constitución 1, www.museotanit.com, Mo–Sa 10–14 Uhr, Eintritt stolze 6 €

㊷ Weinstraße La Geria ⭐⭐⭐ [F9]

Das schwarze Hochtal, das man auf einer 17 km langen Fahrt kennenlernt (LZ-30 Uga – Mozaga), strahlt große Ruhe aus – eine Kette niedriger Vulkane schirmt es von der weiten Küstenebene ab. **La Geria, Masdache, El Grifo** und **El Islote:** so lauten die Namen der Weiler, die oft nur aus wenigen Häusern bestehen. Fast immer dabei ist eine **Bodega** (Kelterei) – alle führenden Weinproduzenten Lanzarotes sind längs der Straße postiert. In Probierstuben kann man kosten, was auf dem Vulkanboden wächst: Weißen und Roten, trockenen und süßen Malvasier, süffigen Moscatel und sogar Sekt.

Unterkünfte

> **Finca de la Florida** €€€ <066> Calle El Parral 1, Islote, Tel. 928521124, www. hotelfincadelaflorida.com, 16 Zimmer. Das gemütlich-legere Landhotel liegt 2 km westl. Mozaga und bietet einen schönen Blick über Weinfelder und Vulkane. Mit Pool und Sauna, Tennisplatz, Minigolf und Fitnessraum.

> **El Chupadero** €€€ <067> Carretera de la Geria Km. 18,8, Tel. 928173115, www. el-chupadero.com. An die gleichnamige Bodega angeschlossen und mitten in den Weinfeldern: großzügiges Apartment im Maisonette-Stil mit Kamin-Wohnküche, Schlafzimmer mit Himmelbett und Duschbad – fast alle Räume mit traditionellen Holzdecken.

025lr Abb.: gs

◁ *Blick von der Finca de la Florida*

◹ *Die Finca de la Florida*

Die Weine Lanzarotes – von Bodega zu Bodega

Von Süden kommend passiert man nacheinander Keltereien, in denen für 1–2 € pro Glas einheimischer Wein probiert werden kann. Um keine Kopfschmerzen zu bekommen, ist es ratsam, mit leichten, jüngeren Tropfen zu beginnen und dann zu trockenem Weißwein überzugehen. Hat man sich von Weiß verabschiedet, kommt Rosé an die Reihe. Da es ihn auf Lanzarote nur in kleinen Mengen gibt, wird es nicht lange dauern, bis man zu Rotwein überwechselt. Krönender Schlusspunkt der Verkostung ist der süßschwere, reife Likörwein Malvasier.

> **Bodega Rubicón** <068> LZ-30 Km. 19, Tel. 928173708, www.vinosrubicon. com, 10–19 Uhr. Die Kelterei, deren Wahrzeichen ein alter Drachenbaum ist, inszeniert sich nobel: Nach der Kostprobe im dunklen Show-Room inspiziert man die alte Weinpresse und spaziert in den Keller, der mit seinen Rundbögen mittelalterliche Klostergefühle vermitteln will.

> **Bodega Guardilama La Geria** <069> LZ-30 Km. 19, Tel. 928173178, www.lageria.com, 10–18 Uhr. Gleich gegenüber der Bodega Rubicón steht die nächste Bodega. Meist stehen Ausflugsbusse davor, in der Bar El Medianero kann man zum Wein (z. B. Malvasía Seco, Tinto Madera und Rosado) Käse- und Schinken-Tapas bestellen. Vom Parkplatz hat man einen schönen Blick auf die Weinlandschaft. Unter Trauerweiden verbirgt sich die Wallfahrtskapelle Ermita de la Caridad, die während des großen Vulkanausbruchs unter Asche begraben und später ausgebuddelt wurde.

> **Bodega El Chupadero** <070> LZ-20 Km. 18,8 (ausgeschildert), Tel. 928173115, www.el-chupadero.com, ab 11 Uhr. Mein Lieblingslokal: Die gemütliche Bodega erreicht man über eine von der Weinstraße südwärts abzweigende Piste – große Busse kommen hier nicht durch. Zu Jazz- und Bluesklängen werden Tapas aufgetischt, von Barbara oder ihrem Sohn Joel appetitlich arrangiert. Zu den Spezialitäten zählen geräucherter Thun *(atún ahumado),* iberischer Räucherschinken *(jamón serrano)* und Crêpes mit Kaktuskonfitüre *(crepes con cactus).* Besonders schön ist die Stimmung zum Sonnenuntergang.

> **Bodega Stratvs** <071> LZ-30 Km. 18, Tel. 928809977, www.stratvs.com, 9–20 Uhr (kostenpflichtige Besichtigung meist 11 Uhr, 10 € inkl. Probe, nur nach vorheriger Anmeldung). Cleveres Marketing hat diese Kellerei in ganz Spanien bekannt gemacht: Von außen wirkt der restaurierte Gutshof gar nicht so pompös – in modern-rustikalem Styling wird hier Wein zum Probieren angeboten. Die eigentliche Bodega wurde – mit EU-Subventionen – so geschickt in den Vulkanhang gebaut, dass man wie Ali Baba vor einer Felswand steht. Erst wenn sich das Tor öffnet, gelangt man in die schummrig beleuchtete „Weinkathedrale" aus Lavastein, Stahl und Holz. Vom Gewölbe hängen Design-Leuchter aus Weinflaschen, von einer umlaufenden Galerie kann man das Hightech-Inventar in Augenschein nehmen. Übrigens kann man im Gutshof auch Käse der Marke Finca de Uga kosten: reifen Schafskäse *(oveja duro)* und Ziegenkäse mit Paprikarinde *(queso de cabra al pimentón).*

> **Bodega Antonio Suárez Cabrera** <072> LZ-30 Km. 18, 10–18 Uhr. So urig wie bei Pilar und María José (gegenüber von Stratvs) sah es vor wenigen Jahren in allen Bodegas von La Geria aus. Die hier ausgeschenkten Weine schmecken süffig und sind nur hier, nirgends sonst auf der Insel erhältlich.

> **Bodegas Barreto** <073> LZ-30 Km. 11,3 (Masdache), 10–18 Uhr. Die Familie Barreto widmet sich seit mehr als hundert Jahren dem Weinbau. Mit einer Produktionsmenge von 1 Mio. Litern gehört die Kellerei zu den größten der Insel. Vermarktet werden sie unter der Marke „El Campesino" – als besonders gut gilt der süße Moscatel.

> **Bodega El Grifo** <074> LZ-30 Km. 11 (Masdache), Tel. 928524951, www.elgrifo.com, 10.30–18 Uhr, Eintritt Museum 4 €. Die Zufahrt ist nicht zu verfehlen: César Manrique war es, der die originale Skulptur des mythologischen Greifenvogels (Grifo) schuf. Die Bodega anno 1775 ist die älteste des Archipels. Angeschlossen ist das **Museo del Vino El Grifo,** ein Weinmuseum mit antiker Presse, Kelterbecken und Laboratorium; auch ein Rundgang im 40 ha großen Anbaugebiet ist möglich.

> **Bodega Los Bermejos** <075> Camino a Los Bermejos 7, La Florida, Tel. 928522463, www.losbermejos.com, Mo–Fr 11–16 Uhr. Man zweigt von der Weinstraße bei Km. 8,5 in spitzem Winkel ab und erreicht die Bodega nach 300 m. Ignacio Valdera keltert sehr guten trockenen Malvasier, hervorragend ist auch der Dessertwein Moscatel! Falls die Bodega geschlossen ist, einfach anklopfen.

026ir Abb.: fo©Fulcanelli

Costa Teguise und der Norden

Der Inselnorden passt nicht zum feu-
rig-wüsten Lanzarote-Image. Da gibt
es wolkenumspülte, senkrecht ins
Meer abfallende Klippen und an ihrem Fuß wilde Naturstrände. Manches Mal tritt die Farbe Grün in Er-
scheinung, so im Palmental von
Haría und in benachbarten, tief eingeschnittenen Schluchten. Kaktus-
und Aloe Vera-Felder bedecken die
sanft gewellte Küstenebene von Guatiza bis Órzola. Im Norden liegen die
spektakulärsten Landschaftskunstwerke der Insel, dafür nur wenige
gute Bademöglichkeiten. Zwar gibt es
die fantastischen Naturstrände von
La Caleta und Playa del Risco sowie
Buchten bei Órzola, doch sind diese
aufgrund starker Strömung und Brandung zum Schwimmen zu gefährlich.
Die einzigen Badestrände befinden
sich in Arrieta sowie im Ferien-Resort
Costa Teguise. Nicht nur hier gibt es
Unterkünfte, auch Berg- und Küsten-
dörfer warten mit interessanten Quar-
tieren auf.

43 Costa Teguise ⭐   **[J8]**

Der große, gepflegte Ferienort hat
einige wenige Sandbuchten, dafür
umso mehr Apartment- und Hotelanlagen. Weit ziehen sie sich landeinwärts. Einen gewachsenen Ortskern
bzw. eine kilometerlange Promenade
sucht man vergeblich, dafür werden
im Hinterland die Rasenteppiche eines 18-Loch-Golfplatzes ausgerollt.
Größter Vorteil des Ferienorts ist die
**Nähe zu einigen Top-Sehenswürdig-
keiten:** Nicht weit fährt man zur Cueva de los Verdes und den Jameos del
Agua, zum Jardín del Cactus und dem
Mirador del Río. Wer **wandern** will,
findet im grüneren Norden mehrere
attraktive Routen. Für **(Wind-)Surfer**
ist Costa Teguise aufgrund des kons-
tant wehenden Passats der Hotspot
der Insel.

⌃ Zur Costa Teguise **43**

Costa Teguise

Sehenswürdigkeiten
- 44 Pueblo Marinero
- 45 Lanzarote Aquarium

Übernachtung
- 4 Ap. Celeste
- 9 Gran Meliá Salinas & Garden Villas

Essen und Trinken
- 1 Isla Bonita
- 2 Repikada
- 3 Villa Toledo

Nachtleben
- 10 La Masia de Teguise

Sonstiges
- 5 Oficina de Información Turistica
- 6 Olita Trek & Bike
- 7 Windsurfing Club
- 8 Aquatis Divingcenter

44 Pueblo Marinero ★ [J8]

Stimmungsvolles Ortszentrum mit gemütlichen Bars und Terrassenlokalen ist das in den 1980er Jahren von César Manrique entworfene „Fischerdorf". Von Fischern, Booten und Reusen keine Spur, doch immerhin vermitteln die weiß gekalkten, zweistöckigen Häuser rund um einen viereckigen Platz eine Vorstellung von traditioneller Architektur. Die Palmen und Drachenbäume sind mittlerweile so hoch gewachsen, dass sie „historisch" wirken – die verspielten Pavillons haben Patina angesetzt. Großer Andrang herrscht am Freitagabend, wenn der Wochenmarkt stattfindet.

45 Lanzarote Aquarium ★★ [J8]

Besser als es von außen vermuten lässt: Auf unterhaltsame Art, untermalt von Sphärenklängen, bekommt man in über 30 Becken einen Einblick in die **Unterwasserwelt.** Man sieht Haie und Barrakudas, Muränen und Seepferdchen u. a. (Beschreibungen auf Spanisch und Englisch). Der Rundgang dauert ca. eine Stunde.

❯ Av. de las Acacias s/n, C.C. El Trébol, Tel. 928590069, www.aquariumlanzarote. com, tgl. 10–18 Uhr, Eintritt 12,50 €, Kinder 4–12 Jahre 8 €.

Strände

Die beste und größte Badebucht ist die 650 m lange **Playa de las Cucharas** mit einer vorgebauten, die Brandung brechenden Mole. Hier weht die Blaue Flagge der EU, womit die Sauberkeit der Küste unterstrichen wird. Die Schwimmer teilen sich den Strand mit den Surfern, denn für sie ist er dank der guten Windverhältnisse einer der besten Kanaren-Spots.

An der Playa de las Cucharas werden Liegestühle und Sonnenschirme, Tretboote, Surf- und Tauch-Equipment verliehen. Für Stärkung sorgen Bars und Terrassenlokale. Südwestwärts schließen sich längs der Promenade kleinere, von Klippen durchzogene Strandabschnitte an. Auf die **Playa del Jablillo** (unterhalb des Hotels Teguise Playa) folgt die stimmungsvolle, von Palmen eingerahmte **Playa Bastián**. Der am weitesten westlich gelegene Strand ist die **Playa del Ancla**, die fast nur von den Gästen des darüber thronenden Hotels Oasis de Lanzarote besucht wird. Gleiches gilt für die kleine, aber feine **Playa de los Charcos** im Norden des Resorts, an der man vor allem Gäste des Gran Meliá Salinas sieht. Doch selbstverständlich sind auch diese Strände für alle frei zugänglich!

Infos und Reisetipps

■ **Oficina de Información Turística** <076>
Av. de las Islas Canarias s/n (neben Pueblo Marinero), 35509 Costa Teguise, Tel. 928592542, www.teguiseturismo.com

❯ **Taxi:** Tel. 928524223 (Radio Taxi)

❯ **Bus:** Im 20 Min.-Takt kommt man nach Arrecife und Puerto del Carmen (Linien 1 und 3), gut sind auch die Verbindungen nach Teguise und La Caleta de Famara (Linie 31 und 33). Um zu anderen Inselorten zu kommen, muss man am Busbahnhof der Hauptstadt umsteigen. Haltestellen gibt es in Costa Teguise z. B. an der Av. de las Islas Canarias (Hotel Gran Meliá Salinas und Pueblo Marinero) und an der Av. de las Palmeras.

Unterkünfte

Auch für dieses Resort gilt: Je näher am Meer, desto schöner wohnt man!

Promi-Insel

Als sich in den 1970er-Jahren arabische Öl-Scheichs im südspanischen Marbella einkauften, fiel ihr Blick auch auf die spanische Atlantikinsel Lanzarote. Die wüstenhafte Landschaft erinnerte sie an ihre Heimat, auch die maurisch inspirierte Architektur war ihnen vertraut. Touristisch gesehen war die Insel eine Terra Incognita, sicher vor Anschlägen und Attentaten. Einer der ersten Residenten war der aus dem Libanon stammende Schauspieler **Omar Sharif.** Durch die Rolle des Dr. Schiwago im gleichnamigen Kalte-Krieg-Klassiker „unsterblich" geworden, ließ er sich in Nazaret 🄼 eine Traumvilla bauen. Bald zog der **König von Jordanien** nach und erwarb am Südrand von Costa Teguise ein Haus, das er später dem spanischen Königshaus schenkte. Seitdem verbringen im Palacio Real Prinzen und Prinzessinnen ihre Ferien. Auch Staatsgäste werden gern eingeladen, mehr als einen Urlaub verbrachten hier der russische Präsident **Michail Gorbatschow** und Tschechiens einstiger Premier **Václav Havel.** So viel Prominenz zieht andere nach. Spaniens Ex-Ministerpräsident **Zapatero** kaufte in Costa Teguise gleichfalls eine Villa, Regisseur **Pedro Almodóvar,** der auf Lanzarote seinen Film „Zerrissene Umarmungen" drehte, erwarb in Puerto Calero eine Residenz. Die Sängerin **Rosana,** die von der Insel stammt, wählte Caleta de Famara, **Stephan Remmler,** in den 1980er-Jahren Begründer des Neuen Deutschen Lieds mit dem Ohrwurm „Da da da", unterhält in Las Breñas ein Tonstudio. Bestsellerautor **Alberto Vázquez-Figueroa,** der die Insel im Schmöker „Yaiza" literarisch verewigte, hat eine Villa in Las Manchas.

Auch weniger glatte Literaten haben Lanzarote zum Leben erwählt. Literaturnobelpreisträger **José Saramago** lud hochkarätige Kollegen wie **Carlos Fuentes** und **Mario Vargas Llosa** in sein Haus, das seine Frau nach seinem Tod in eine Stiftung samt Museum verwandelte (s. S. 54). Ähnliches plant **Günter Wallraff.** Der Autor von „Ganz unten", der – als Türke verkleidet – Rassismus am eigenen Leib erfuhr, will seine Stiftung in einer ausgebauten Vulkanblase unterbringen. Schon heute lebt er in einem hübschen Haus an der Küste – wo genau, das sei an dieser Stelle verschwiegen …

027/r Abb.: gs

◁ „Die geheimnisvolle Insel" – mit Omar Sharif

■ **Ap. Celeste** € <077> Av. de las Islas Canarias 21–25, Tel. 928591720, www. apartmentsceleste.com, 85 Apartments. In den zweigeschossigen, weiß-grünen Häusern – ohne Meerblick – wohnt man nicht „himmlisch" *(celeste),* doch freundlich-funktional und sehr günstig.

■ **Gran Meliá Salinas & Garden Villas** €€€€ <078> Av. de las Islas Canarias s/n, Tel. 928590040, www.solmelia.com, 310 Zimmer. Fünfsternehotel in bester Lage zwischen Playa de las Cucharas und Playa de los Charcos, alle Zimmer mit Marmorbad, Klimaanlage, Balkon und Meerblick. Dazu fünf Restaurants und eine Pianobar, drei Tennishartplätze mit Flutlicht, Bowling, Minigolf, Sauna und Beauty-Center. Wer total abschalten will und einen Aufpreis nicht scheut, bucht eine der zehn luxuriösen Villen im separaten Park: mit eigenem Pool und Garten sowie großer Terrasse, auf der auf Wunsch Frühstück und Nachmittagskaffee serviert werden.

Essen und Trinken

Viele Lokale gibt es an der Strandpromenade, doch nicht alle sind gut. Mehr anstrengen müssen sich die Restaurants in zweiter und dritter Reihe, die nur dann überleben, wenn sie etwas Besonderes bieten.

■ **Isla Bonita** €€ <080> Av. del Mar, Tel. 928591526, tgl. außer So ab 12 Uhr. Ein paar Gehminuten hinter der Playa Bastián bietet Señor Pepe Tagesgerichte aus Inselzutaten. Ob kanarischer Eintopf, Ziegenfleisch oder Spanferkel (an jeweils unterschiedlichen Tagen) – alles ist frisch und die Zubereitung traditionell-kanarisch. Naschmäuler bestellen *torijas de Lanzarote,* knusprige, mit Honig beträufelte Mini-Pfannkuchen, oder *bienmesabe,* eine süße Mandelcreme. Auch viele Einheimische kehren hier ein!

■ **Repikada** €€ <081> Av. Islas Canarias 5, Tel. 928591365, tgl. 11–23 Uhr.

Das kanarische Stimmengewirr (vor allem am Wochenende) macht klar: Hier gehen Einheimische besonders gern essen. Das Erfolgsrezept des Basken Kerman: An der Theke sucht man sich fantasievolle Canapees *(montaditos)* aus, die kein Loch ins Portemonnaie reißen. Daneben stapeln sich Steingutschalen mit Auflauf und Pasta, Fisch und Fleisch, die – je nach Gusto und Geldbeutel – als tapa, media ración oder ración bestellt werden können (kleine, mittlere, große Portion).

■ **Villa Toledo** €€ <082> Calle Los Cocederos s/n, Playa Bastián, Tel. 928590626, tgl. ab 10 Uhr. Das Beste in diesem ruhigen Terrassenlokal an der Playa Bastián ist die Lage am Meer. Fragen Sie nach den *sugerencias del chef,* den Tagesempfehlungen. Auch wer nur auf einen Drink vorbeikommt, ist willkommen.

Einkaufen

Für ein großes Touristenzentrum ist das Angebot erstaunlich mager. An der Cucharas-Promenade behaupten sich ein paar Sportswear- und Kunsthandwerksläden, für Abwechslung sorgt einzig das Pueblo Marinero: Jeden Freitag findet dort ab 17 Uhr der *Mercadillo,* ein kleiner Markt, statt, zusätzlich kommen am Mittwoch ab 18 Uhr die Kunsthandwerker der Insel zum *Paseo Artesanal.*

Nachtleben

Am meisten los ist im **Pueblo Marinero,** wo man sich bis 3 Uhr morgens vergnügen kann. Weitere Bars öffnen an der Meerespromenade.

■ **La Masía de Teguise** €€ <083> Av. del Golf 25, Tel. 922592310, www.masia teguise.com, Di–So 12–23 Uhr. Vom Konzert über Literatur-Lesungen bis zu Kunst- und Fotoausstellungen gibt es hier viel Kultur, dazu ein mediterranes Dinner auf der Terrasse.

46 Fundación César Manrique – Wohnen in Lavablasen ★★★ [H8]

Während eines Ausflugs 1968 sah César Manrique eine üppige Baumkrone, die knapp über der Erdoberfläche aus pechschwarzer Lava aufragte. Er tastete sich an sie heran und bemerkte, dass der Baum einer Vulkanblase entsprang. Nahebei befanden sich vier weitere größere Höhlen. César Manrique wusste sofort: Dies war der Ort, an dem er sein Traumhaus erschaffen wollte. Es sollte ein Bau nach Art der altkanarischen Casas hondas (Tiefe Häuser) werden, was bedeutete: man wohnte im Schoß des Vulkans! Binnen kurzer Zeit war die Verwandlung vollbracht und César Manrique bezog die ungewöhnliche Bleibe. Wer nun aber glaubt, ein Höhlenhaus müsse trist und dunkel sein, irrt. Durch eingebrochene Lavadecken flutet Sonnenlicht in die weißgekalkten, sparsam möblierten Räume, spiegelt sich im Wasser des türkisfarbenen Pools und in den glänzenden Blättern der Pflanzen. Eine Wendeltreppe führt ins Erdgeschoss, wo man durch große Panoramafenster auf erstarrte Lava blickt, die das Gebäude einkreist und an einigen Stellen in die Räume einfließen darf. Innen und außen sind nicht voneinander getrennt, Architektur ist mit der Natur zu einer Einheit verschmolzen.

Oberirdisch kann man in marmorgefliesten Sälen Manriques private Kunstsammlung bestaunen. Darunter befinden sich Werke des Meisters selbst, die seine Entwicklung vom Naturalismus zur Abstraktion dokumentieren. Deutlich sind sie von der Landschaft Lanzarotes inspiriert, was auch die Bildtitel verraten: „El Jable" erinnert an die Sandwüste zwischen Teguise und Sóo, „Azufre" an den „Schwefel" der Vulkane und „Calor de Tierra" an die glühendrote „Erdhitze", die sich einst über Lanzarote ergoss. Daneben hängen Werke berühmter spanischer Maler wie Picasso und Miró, Tàpies und Pedro González. Zuletzt gelangt man in den Vorhof, wo ein großes Wandmosaik knallbunte Akzente setzt.

1992, wenige Monate vor seinem Tod, stellte Manrique das Haus einer von ihm gegründeten Stiftung zur Verfügung, die darin eine Galerie und einen Laden, ein Kulturzentrum sowie ein Café unterhält. Immer wieder werden hier kontroverse Debatten über das vermeintlich „richtige Leben" angestoßen: Wie soll unsere Umwelt aussehen? Wie unsere Architektur beschaffen sein? Wie kann Korruption bekämpft werden?

❯ Fundación César Manrique, Taro de Tahiche, Tel. 928843138, www.fcmanrique.org, Mo–Sa 10–18, So bis 15 Uhr (Nov.–Juni), Mo–So 10–19 Uhr (Juli–Okt.), Eintritt saftige 8 €

47 Nazaret ★★ [H7]

Seinen biblischen Namen erhielt das Dorf von einer Jungfrauenskulptur *(Virgen de Nazaret),* die ein Pilger aus Palästina für die Ermita mitbrachte. Wer heute nach Nazaret kommt, hat freilich meist ein anderes Ziel. Er folgt der Ausschilderung zur **Oasis de Nazaret,** einer Villensiedlung am Fuße eines rötlich schimmernden Berges. Das Schmuckstück ist hier die ins Vulkangestein geschlagene Festung **LagOmar,** die der Schauspieler Omar Sharif erbauen ließ (s. Exkurs, Seite 62). Beim Kartenspiel, heißt es, habe er sie wenig später verloren; die neuen Besitzer machten das

märchenhafte „Sesam, öffne dich" als Museum zugänglich. Betritt man die Anlage, fällt der Blick auf einen kleinen Teich inmitten eines kunstvoll gestalteten Felsmassivs; durch labyrinthische Gänge spaziert man in halboffene Höhlen und Säle. In einigen Räumen wird zeitgenössische Kunst gezeigt; ein Erinnerungszimmer ist Omar Sharif gewidmet: Filmplakate und Fotos erinnern an den Schauspieler. Gern nimmt man auf der Café-Terrasse oder in der Höhlenbar Platz und lässt die Architektur auf sich wirken.

❯ **Museo LagOmar** ‹084› Calle Los Loros 2, Di–So 10–18 Uhr, Eintritt 5 €

▱ *In den Fels gebaut – LagOmar*

㊽ **Teguise** ★★★   **[H7]**

Mit ihren kopfsteingepflasterten Gassen und Plätzen, weißen Mauern und Minaretten bewahrt die **ehemalige Hauptstadt** (1418–1852) den Zauber verflossener Epochen. Sie ist die älteste Stadt des kanarischen Archipels und nach einer Frau benannt: Teguise war die Tochter des letzten altkanarischen Herrschers. 1406 wurde sie mit dem normannischen Eroberer Maciot de Béthencourt verheiratet. Doch in Teguise gefallen nicht nur die Architektur, sondern auch die netten Läden und Lokale.

㊾ **Convento de San Francisco** ★ **[H7]**

Der schönste Einstieg zur Altstadt erfolgt über die Plaza de San Francisco. An ihrer Ostseite erhebt sich die **Franziskanerkirche**, das erste von insgesamt vier Gotteshäusern der Stadt. Sie wurde 1588 erbaut, 1618 von Piraten zerstört und in den Folgejahren abermals errichtet, nun aber ohne Kloster. Ihr zweischiffiger, durch Rundbögen gegliederter Innenraum

Costa Teguise und der Norden

Teguise

© REISE KNOW-HOW 2013

Norte

Plaza de la Veracruz

Ermita de la Vera Cruz

Trueno

Timanfaya

Plaza Reina Ico

Pelota

Archivo Histórico ★

Puerto y Villa de Garachico

Olmo

Carnicería

El Miedo

Garajonay

Parque La Mareta

Restinga

Plaza Maciot de Béthencourt

Plaza Clavijo y Fajardo

La Cruz

Santo Domingo

Higuera

Biblioteca

Iglesia de Nuestra Señora de Guadalupe

Arico

Nueva

52

Plaza de la Constitución

51

Palacio del Marqués

50

Espíritu Santo

Palacio Spínola/ Casa Museo del Timple

1

Notas

2

Casa de la Cilla ★

3

La Sangre

Fayna

Flores

Palacio Herrera

53

Leon Y Castillo

Reyes Catolicos

Plaza San Francisco

Herrera y Rojas

4

José Betancort

5

Gran Canaria

Coronel Carrasco

49

Convento de San Francisco

55 Castillo Santa Bárbara
M Museo de la Piratería

Plaza

54

Convento de Santo Domingo

LZ – 10

Guayadeque

Arrecife

Sehenswürdigkeiten

49 Convento de San Francisco
50 Palacio del Marqués
51 Plaza de la Constitución
52 Palacio Spínola/Casa Museo del Timple
53 Palacio Herrera

Einkaufen

1 Wochenmarkt
2 Emporium

Essen und Trinken

3 Acatife
4 Cejas
5 La Tahona

ist von Mudéjar-Decken überspannt. Längst wird in der Kirche nicht mehr gebetet, doch viele Heiligenfiguren sind noch immer zu sehen: Sie gehören zum **Museum sakraler Kunst**, das Gemälde und Skulpturen aus aufgelassenen Inselkirchen zeigt. Besonders sehenswert ist eine Sammlung volkstümlicher Christus-Figuren.

> **Convento de San Francisco,** Plaza San Francisco s/n, Di–Sa 9.30–16.30, So 10–14 Uhr, Eintritt 2 € (bis 18 Jahre frei)

🄌 Palacio del Marqués ★ [H7]

Gleich um die Ecke befindet sich das älteste noch erhaltene Haus der Insel. Es stammt von 1455 und wird etwas großspurig „**Grafenpalast**" genannt. Über einen geheimen Gang war es mit der 1 km entfernten Festung auf dem Berg Guanapay verbunden. Drohte ein Piratenangriff, flüchtete sich die Adelsfamilie ins sichere Refugium, während das gemeine Volk mit den umliegenden Vulkanhöhlen vorliebnehmen musste. Vor ein paar Jahren haben Deutsche das Haus gekauft. Darin haben sie den **Patio del Vino**, eine hochpreisige Wein- und Tapas-Bar eröffnet, sodass man das Haus auch besichtigen kann.

> **Palacio del Marqués,** Calle Herrera y Rojas 9, Sa geschl.

🄑 Plaza de la Constitución ★★ [H7]

Der zentrale Platz der Stadt, von Löwenfiguren bewacht, wird von Palmen, Araukarien und Indischen Lorbeerbäumen beschattet. An seiner Nordseite erhebt sich die Pfarrkirche **Iglesia de Nuestra Señora de Guadalupe** mit kuppelgekröntem Glockenturm. Karg ist ihr Inneres – während vieler Plünderungen wurden ihr

▷ *Plaza de la Constitución* 🄑 *– von Löwen bewacht*

fast alle Schätze geraubt. Nur die Figur der Schutzpatronin, der Jungfrau von Guadalupe, gelangte „wie durch ein Wunder" nach Lanzarote zurück. Mit ihrer mächtigen Krone steht sie am Hauptaltar. Sehenswert ist auch ein Gekreuzigter am linken Seitenaltar, dessen echtes Haar bis zur Hüfte reicht; geschaffen hat ihn im 17. Jh. der kanarische Bildhauer Luján Pérez. Gegenüber der Kirche, an der Südseite des Platzes, befindet sich die **Casa de la Cilla**, das „Zehnthaus", in dem die Gläubigen der Geistlichkeit ein Zehntel ihrer Ernteerträge abgeben mussten. Mit der schweren, nagelbeschlagenen Holztür wirkt das kleine Haus noch heute wie ein Tresor – es beherbergt eine Bankfiliale. Das interessanteste Gebäude am Platz ist der **Palacio Spínola** an der Westseite, das heute als Timple-Museum 🄒 zugänglich ist.

EXTRATIPP

Wann nach Teguise?

Wer Teguise besuchen will, sollte wissen, dass während des Sonntagsmarkts Ausnahmezustand herrscht. Am Montag liegt Teguise im Dornröschenschlaf, um sich vom Tohuwabohu des Vortags zu erholen. Erst am Dienstag kehrt Normalität ein ...

52 Palacio Spínola – mit Timple-Museum ★★★ [H7]

Mit wallender Mähne und aufgerissenem Maul starren zwei Löwenfiguren auf Teguises schönstes Haus. Schon viel hat es gesehen: Im 16. Jh. war in ihm das Inquisitionsgericht untergebracht, dann kamen die Piraten und es ging in Flammen auf. Lang ließ der Wiederaufbau auf sich warten. Erst Mitte des 18. Jh. richtete es die Adelsfamilie Feo her, um es an den Spínola-Clan zu verkaufen, eine genuesische, seit der Konquista auf dem Archipel ansässige Kaufmannsfamilie.

Heute ist in dem Haus das **Timple-Museum** untergebracht, das viel über das kleine, fünfsaitige Musikinstrument „erzählt": Wie es mit den afrikanischen Sklaven auf die Inseln kam und wegen seiner einst doppelbuckligen Silhouette *camellito* (kleines Kamel) hieß, aus welchen Hölzern es hergestellt und wie sein guter Klang erzeugt wird. In Vitrinen sind kostbare Timples und ihre Artverwandten ausgestellt. Beim Gang durch die Fluchten des Hauses erhalten Besucher zugleich einen Einblick in herrschaftliche Wohnkultur anno dazumal. Man kommt durch einen Salon mit Möbeln aus Tea-Holz, dem unverwüstlichen Kernholz der Kiefer, entdeckt *pilas*, farnbewachsene steinerne Wasserfilter, die früher in jedem kanarischen Haus standen (s. „Wasserkultur", Seite 113). Typisch kanarisch sind die Sitznischen an den hohen Fenstern: Hinter vergitterten Klappläden konnten die Hofdamen das Treiben auf der Straße beobachten, ohne selber gesehen zu werden. Natürlich darf in einem herrschaftlichen Haus eine Hauskapelle nicht fehlen und auch die Prachtküche lohnt einen Blick. Im Brunnenhof erfrischen Palme und Feigenbaum mit ihrem Schatten.

› **Casa Museo del Timple (Palacio Spínola),** Plaza de la Constitución s/n, www.casadeltimple.org, Mo–Fr 9–16, So 9–15 Uhr, Eintritt 3 €, Kinder bis 12 Jahre frei. Alle paar Wochen findet hier ein Folklore-Konzert statt, auf dass die Besucher eine Vorstellung vom Klang der Timple bekommen! Neben dem Eingang befindet sich vorerst auch die Touristeninformation (Tel. 928845181, www.turismoteguise.com, Fr/Sa geschl.).

53 Palacio Herrera ★ [H7]

Einer der größten Sklavenfänger des 16. Jahrhunderts war Agustín Herrera. Auf diese Weise zu großem Reichtum gelangt, wurde er vom König zum ersten Grafen von Lanzarote ernannt. Sein Haus spiegelt seinen Wohlstand: Rings um den schönen Innenhof verläuft eine Holzgalerie, von der alle Räume abgehen. Mit Holzdielen und Balkendecken strahlen sie Behaglichkeit aus, bilden den Rahmen für wechselnde **Kunstausstellungen.**

› **Palacio Herrera,** Calle José Betancort 8, meist Mo–Fr 10–15 Uhr, Eintritt frei

54 Convento de Santo Domingo ★ [H7]

Neben Franziskanern waren Dominikaner die rührigsten Missionare auf der Insel. Daher erstaunt es nicht, dass auch sie in Teguise residierten. Während in ihrem Kloster heute das Rathaus tagt, beherbergt die Kirche die **Sala de Arte Contemporáneo:** Das Interieur mit Kassettendecken und Rokoko-Tabernakel kontrastiert mit zeitgenössischer Kunst.

› **Convento de Santo Domingo,** Plaza del Ayuntamiento s/n, Mo–Fr 10–15, So 10–14 Uhr (nur geöffnet während laufender Ausstellungen)

🅵🅵 Castillo
de Santa Bárbara ★ ★ ★   [H7]

Den besten Blick auf die Stadt hat man vom **Castillo de Santa Bárbara**, das am Kraterrand des 452 m hohen Vulkans Guanapay thront. Es heißt, schon Lancelotto Malocello habe hier 1336 seinen Festungsturm erbaut. Der Platz war klug gewählt, denn kein anderer Gipfel, nicht einmal der viel höhere der Peñas del Chache, bietet eine bessere Sicht. Kein Wunder also, dass auch die späteren Inselherrscher an diesem Ort einen Beobachtungsposten unterhielten und das Castillo, das durch einen geheimen Gang mit der Stadt verbunden war, als Fluchtburg nutzten.

Kein besserer Ort als das Castillo, um ein **Museo de la Piratería** (Piratenmuseum) unterzubringen. Es zeichnet die Rachefeldzüge nach, die den von den Grafen von Lanzarote verübten Sklavenraubüberfällen folgten: Calafat aus Fez (1569) und Dogalí, der „kleine Türke" (1571), Morato Arráez (1586) und Jabán und Solimán (1618) nahmen Rache: Sie plünderten Teguise und nahmen Bewohner als Sklaven. Später überfielen Korsaren konkurrierender europäischer Königreiche die Inseln; im Auftrag der britischen Krone griffen Nelson und Drake den Archipel an. Auch Modelle von Teguise und von Schiffen anno dazumal sind zu sehen (Erläuterungen auf Spanisch und Englisch). Hinweis: Die Dokumentensammlung des früher hier untergebrachten Museo del Emigrante wurde ins Archivo Histórico und in die Bibliothek überführt.

❯ **Museo de la Piratería (Castillo Santa Bárbara)** <085> Montaña de Guanapay, www.museodelapirateria.com, Mo–Sa 9–16, So 10–16 Uhr, Eintritt 3 €, Kinder bis 12 Jahre frei

Essen und Trinken

An fast jeder Ecke öffnet ein Lokal! Zu den Klassikern zählen:

■ **Acatife** €€ <086> Calle San Miguel 4, Tel. 928845037, ab 12 Uhr, So abends und Mo geschl. Über 50 Jahre hat es auf dem Buckel und ist damit das älteste Lokal der Stadt, obendrein in bester Lage auf dem „Löwenplatz". Die u-förmige Bar im Innenhof hat bereits Patina angesetzt, die Stühle wackeln und der Spiegel ist stumpf. Das macht aber nichts, denn das Ambiente ist gemütlich und die kanarische Hausmannskost schmeckt.

■ **Cejas** € <079> Plaza San Francisco 5, Tel. 928845101, Mo–Fr 9–21, So 9–15 Uhr. Gemütliches, an ein klassisches Caféhaus erinnerndes Lokal mit schönem Innenhof – Tapas, Tee und Wein.

■ **La Tahona** € <087> Calle Santo Domingo 3, Tel. 928845892, tgl. ab 8 Uhr. In das Lokal neben dem Rathaus kommen viele Einheimische. Oft gibt es Törtchen aus Süßkartoffeln (bizcochón de batata), panierten Ziegenkäse mit Mojo und Kichererbseneintopf (ropa vieja). Freitagabend greifen Gäste gern zur Timple.

Einkaufen

Dank des Sonntagsmarkts hat sich eine rege Einkaufsszene entwickelt.

■ **Wochenmarkt Teguise** <088> So 9–14 Uhr. Größter Markt der Insel.

❯ **Einkaufspassagen:** Im Zentrum von Teguise wurden mehrere historische Anwesen in Ladenpassagen verwandelt. Darin werden Kunst und -handwerk, Schmuck und Mode verkauft. Am schönsten stöbern kann man in der Galería La Villa, Plaza Clavijo y Fajardo 4.

■ **Emporium** <089> Calle Notas 15, www. emporium.es, tgl. ab 10 Uhr. Im ehemaligen Kinopalast bewegt man sich inmitten chinesischer Kleinmöbel, stöbert zwischen Glasperlen und Glückssteinen, Mao-Abzeichen und Seidentaschen, Holz- und Samtkästchen.

56 La Caleta de Famara ★ ★ ★ [H5]

Das Fischerdorf erinnert an das Lanzarote von einst. Es ist nicht so durchgestylt, strahlt mit seinen sandverwehten Pisten und einfachen Häusern einen **Hauch Wildwest** aus. Von der kleinen Anlegestelle stechen allmorgendlich Männer in die raue See, ihr Fang landet mittags in einem der Fischlokale. Wild wirkt auch der 4 km lange, helle Sandstrand, der sich vom Dorf bis zum Fuß der gewaltigen, wolkenumwehten Famara-Steilwand spannt. Unentwegt rollen Wellenstaffeln heran, die von Surf-Cracks abgeritten werden. Am Horizont scheinen die Felseilande von La Graciosa und Montaña Clara zum Greifen nahe, landeinwärts leuchten die **Dünenfelder von El Jable**. Vielen gilt der Strand als „der schönste Spaniens", doch zum Baden ist es hier aufgrund starker Strömung zu gefährlich – dauerhaft weht die rote Fahne. Begnügen Sie sich deshalb bitte mit einer Plantsch-Partie oder mit einem Strandlauf! Oberhalb des Strandes entstand in den 1970er-Jahren eine Feriensiedlung (s. Unterkünfte), deren flache Bungalows sich ducken, als wollten sie dem Wind keinerlei Widerstand bieten.

Unterkünfte

Über Lokale, Läden und Surf-Shops werden viele nicht legalisierte Apartments vermietet. Außerhalb der Ferien findet man stets ein Bett, ohne im Voraus reservieren zu müssen!

❯ **Ap. Playa Famara** €€ ‹090› Tel. 928845132, www.bungalowsplaya famara.com, 145 Apartments, Rezeption Mo–Fr 10–12 und 17–19 Uhr. Terrassenförmig angelegte Bungalowsiedlung mit Restaurant, Laden, Tennisplatz und Pool. Alle Häuser sind halbrund, doch aufgrund unterschiedlicher Besitzer sehr verschieden eingerichtet. Ins Ortszentrum läuft man 10–15 Min.

Essen und Trinken

Surfer und Dörfler gehen in die Snackbars, wo sie für wenig Geld satt werden. Tagesbesucher steuern meist eines der Lokale an, um sich frischen Fisch schmecken zu lassen.

O30lr Abb.: gs

Den besten Blick haben:

> El Risco €€ <091> Calle Montaña Clara 30, Tel. 928528550, www.restaurante elrisco.com. Das blau-weiß gestylte, auf fein gemachte Lokal bietet einen herrlichen Blick auf die Famara-Klippen. Außer Fisch schmecken hier auch die hausgemachten Nachspeisen, z. B. *sorbete de higo* (Feigen-Sorbet), *mousse au chocolat* und *pudin de batata* (Pudding aus Süßkartoffeln).

> Sol €€ <092> Calle Salvavidas 48, Tel. 928528788, www.restaurantesol famara.com. Das Fischlokal hat zwei Terrassen: Entweder sitzt man auf der meerzugewandten Seite überm Dorfstrand oder an Tischen im Flugsand der Straße. Vom *arroz caldoso* (Risotto) und der *parrillada de pescado* (Fischplatte) wird man gut satt.

🔟 Los Valles ★ [I6]

Die Streusiedlung erstreckt sich über rötliche, mit Kartoffeln und Gemüse bewachsene Terrassenhänge. Blitzblank ist das Dorfzentrum mit der weißen **Ermita** (1736) und der herrschaftlichen **Casa de los Peraza** schräg gegenüber (15. Jh.). Einen schönen Blick auf die Umgebung hat man vom Restaurant **Mirador del Valle** an der Straße nach Haría.

> **Mirador del Valle** €€ <093> LZ-10 Km. 13,1, Tel. 928528036, Di–So ab 12 Uhr

🔟 Ermita de las Nieves ★★★ [I6]

Lautes Surren kündigt den **Parque Eólico** an. Hier, wo fast immer eine steife Brise weht, wurden mit EU-Geldern 50 Windräder postiert. Mit ihrer Hilfe wird ein Drittel des Energiebedarfs der hauptstädtischen Meerwasserentsalzungsanlage gedeckt. Zugleich wurde mit dem Windpark der erste Versuch gestartet, vom teuren Erdöl unabhängiger zu werden.

Bleibt man auf der LZ-10, folgt 800 m hinter der Zufahrt zum Windpark ein Richtungsschild zur 2 km entfernten **Ermita de las Nieves**. Vom windgepeitschten, 648 m hohen Plateau der „Kapelle der Schneejungfrau" bietet sich ein fantastischer Blick: Über die Sandfelder von El Jable schaut man bis zu den Feuerbergen, hangabwärts über zerklüftete Klippen aufs schäumende Meer. Hunderte von Metern dröhnt die Brandung herauf. Man sieht La Caleta de Famara am Rand der großen Bucht, in den Weiten des Atlantiks verlieren sich die Inseln La Graciosa, Montaña Clara und Alegranza.

🔟 Haría ★★★ [I5]

Das Bergdorf liegt im „Tal der tausend Palmen": Sie spenden Schatten und erfrischen das Auge mit ihrem Grün. In Haría lebt man von kleinteiliger Landwirtschaft, was dem Ort einen gemütlich-bäuerlichen Charakter verleiht. Es gibt ein paar schöne Plätze mit Terrassenlokalen, eine Zisternengalerie und ein Kirchenmuseum. Am meisten los ist während des

◁ *La Caleta de Famara* 🔟 – *Vielen gilt er als schönster Strand Spaniens*

Kunsthandwerkermarkts samstags, wenn Besucher von der ganzen Insel kommen.

> **Galería El Aljibe** (Zisternengalerie), Plaza de la Constitución
> **Museo de Arte Sacro** (Kirchenmuseum), Plaza León y Castillo

Unterkunft

> **Ap. Jonas** €€ <094> Calle Vista La Vega 22, Mobiltel. 629532225, www.lanzarote-arrieta.de. Am nordöstlichen Ortsausgang vermietet Rolf Jonas zwei schöne Apartments: Die *Casita de la Abuela* (62 m²) hat eine überdachte Terrasse mit Talblick, *Vista al Jardín* (85 m², im Anbau des Haupthauses) eine große Fensterfront mit Blick in den zugehörigen Garten. Räder sind ausleihbar.

> **Arte de Obra** € <095> Calle San Juan 12, Tel. 928835405, www.artedeobra.com, 3 Zimmer und 3 Apartments. Bettina Borks Pension ist mit weißen, gerundeten Wänden und glatten Lavaböden im Manrique-Stil gestaltet. Alle Räume sind liebevoll eingerichtet, die picobello saubere Gemeinschaftsküche sowie Gartenterrassen sorgen für ein kommunikatives Ambiente. Angeschlossen ist das kleine „Kulturzentrum – Kunst am Bau" mit Workshops zu Umweltschutz, Kunst und Architektur.

Essen und Trinken

> **Dos Hermanos** €€ <096> Plaza León y Castillo 2, Tel. 928835409, im Winter 11–19 Uhr, im Sommer länger. Terrassenlokal auf dem Hauptplatz unter schattigen Bäumen. Pablo und José María, die „beiden Brüder" (*dos hermanos),* haben mit kanarischer Hausmannskost Erfolg.

> **Mesón de la Frontera** €€ <097> Calle Casas de Atrás 4, Tel. 928835310, Mo–Sa 12–21, So 12–17 Uhr. Wer gut essen will, besucht das versteckt gelegene Restaurant am Nordrand Harías. Federico und Yolanda bieten Fleisch vom Grill, z. B. Filet vom jungen Rind *(novillo)* oder ein saftiges Stück vom freilaufenden, eichelnfressenden Schwein *(ibérico).* Dazu gibt es eine große Auswahl an Weinen und schönen Panoramablick ins Tal.

Einkaufen

> **Mercadillo de Haría** <098> Plaza León y Castillo, Sa 10–14 Uhr. Auf diesem Wochenmarkt lautet die Devise: Die Ware muss vom Hersteller verkauft werden.

△ *Mohnfelder und Palmenhaine*

60 Guinate ★★★ [I4]

Das 50-Seelen-Dorf erreicht man über eine von der LZ-201 (Haría – Mirador del Río) abzweigende Stichstraße. Ausgeschildert ist sie zum **Tropical Park,** einem Zoo mit über 1300 Vögeln, u. a. Eulen und Flamingos, Goldfasanen und Tukanen. Papageien präsentieren sich im Stundentakt als Unterhaltungskünstler, schlagen Purzelbaum, üben sich im Radfahren und Tanzen. Außer Vögeln kann man Kängurus, Meerkatzen und Pinguine bestaunen, besonders beliebt ist die Familie der Titi-Affen.

Am Ende der Stichstraße befindet sich der **Mirador de Guinate:** ein Aussichtspunkt mit einem Traumblick über Klippen hinab zur Meerenge El Río, die Insel La Graciosa und die vorgelagerten Eilande Alegranza und Montaña Clara. Mit dem Blick vom Mirador del Río **61** kann er mithalten, hier ist er gratis.

> **Tropical Park,** Tel. 928835500, www.guinatepark.com, 10–17 Uhr, Papageien-Show mehrmals tgl., Eintritt 14/6 €

EXTRATIPP
Zur Playa del Risco
Von Máguez/Guinate kommend kurz vor Yé (LZ-202, Km. 3,2) links abbiegen und der Calle Las Rositas in Richtung Mirador del Río folgen, dann nach 500 m links ab in eine steingepflasterte Piste, die an einer Parkfläche endet. Laufen Sie von hier 300 m vor zum kleinen Aussichtsbalkon und genießen Sie den spektakulären Blick in die Tiefe! Wer eine gute Kondition hat, könnte sogar Lust haben, nach Playa del Risco hinabzulaufen. Es ist der schönste Klippenweg des kanarischen Archipels (s. Wanderung 1, Seite 95)!

61 Mirador del Río ★★★ [J3]

Es geschah 1898: Spanien fürchtete, dass ihm nach dem Verlust seiner letzten Kolonien in Übersee (Kuba, Puerto Rico, Philippinen) nun auch der kanarische Archipel entrissen werden könnte. Als Invasionspläne der USA bekannt wurden, entstand an Lanzarotes Nordspitze flugs ein Artilleriestützpunkt, um von hier die Meerenge El Río zu überwachen.

Just an dieser Stelle, wo das Famara-Massiv wie abgeschlagen in schwindelerregende Tiefen fällt, erfüllte sich César Manrique einen Traum – die Vereinigung von Architektur und Natur. 1973 machte er sich daran, die ehemalige Artilleriestellung in eine utopische Burg zu verwandeln, in der die Elemente Luft, Erde und Wasser grandios integriert sind. Er nannte sie ‚Mirador del Río' (Aussichtspunkt überm Fluss), wobei mit „Fluss" die Meerenge zwischen Lanzarote und der Nachbarinsel La Graciosa gemeint ist. Tatsächlich fügt sich der Mirador so perfekt in die Landschaft ein, dass man ihn von der Meerseite kaum erkennt – nur die Panoramafenster starren wie Riesenaugen nach außen. Auch wer sich dem Mirador vom Parkplatz nähert, sieht zunächst nichts als eine halbrunde Mauer, aus Lavasteinen säuberlich zusammengefügt. Ein schmaler Spalt eröffnet Zugang zu einem weiß gekalkten, elegant geschwungenen Tunnelgang mit dunklen Holzdielen. Aus dem Boden treibende Farne und ein Stillleben von unauffälligen Steinen – alles ist bis ins Detail kalkuliert, Dekoration als effektvolle Imitation der Natur. Der Gang mündet in einen höhlenartigen Saal, der ein Raumerlebnis neuer Art vermittelt, inspiriert von Weite und Helligkeit. Fast automatisch werden die Schritte zu den abgerundeten Panoramafenstern gelenkt, die eine grandiose Fernsicht eröffnen. Gibt es einen Ort mit schönerem Ausblick? Aus dem Atlantik steigen Inseln auf, wie hingeworfen von einer Laune der Natur. Im Vordergrund, umschlossen von blauem Meer, La Graciosa, dahinter Alegranza und Montaña Clara.

Wer noch mehr von der Küste sehen will, begibt sich auf den Balkon, der verwegen über dem Abgrund thront. Tief unten liegen die ältesten Salinen des Archipels, die kurz nach der Eroberung angelegt wurden. Ihre rötliche Farbe verdankt sich einem winzigen Krebs, dem Wissenschaftler den Namen *Artemia Salina* (Salzliebhaber) verliehen. Zuletzt steigt man über eine Wendeltreppe aufs Dach hinauf, um ein Gespür für die Außenansicht des Miradors zu gewinnen: Wie ein verkrustetes Schalentier krallt er sich an den Steilhang.

› 10–17.45 Uhr, im Sommer eine Stunde länger (mit Laden und Café), Eintritt 4,50 €, Kinder bis 12 Jahre 2,25 €, kein Busanschluss

▽ *Der Mirador del Río* ⑥① *von außen*

⑥② Yé ★ [J3]

Still ist's in diesem Weiler am Nordhang des majestätischen Monte Corona. Es gibt ein Lokal und eine Bodega, in der Wein zum Kauf angeboten wird: An der Gabelung im Ortskern folgt man der Straße nach Arrieta, nach 600 m biegt man rechts ein. Eine Allee führt zu einem Anwesen, in dem Señor Carlos fünf verschiedene Weinsorten anbietet. Auch Kaktuslikör hat er im Sortiment: grünen aus dem Blatt und rötlichen aus der Frucht.

› **Bodega Monte Corona** ‹099› LZ-201, Km. 4,7, tgl. 10–18 Uhr

⑥③ Las Pardelas ★ [J3]

An der Straße von Yé nach Órzola sieht man linkerhand eine **Aloe-Vera-Anpflanzung** samt Laden: Von 100 %igem Saft über Kosmetika bis zu Kulinaria werden hier Produkte aus der „Wunderpflanze" hergestellt (mehr zu Aloe s. S. 80). Ein paar hundert Meter weiter weist ein Schild nach links zur **Granja Las Pardelas**, einem kleinen Tierpark mit Hasen und Hühnern, Pferden, Ziegen und Schweinen. Kinder können die Tie-

032lr Abb.: pdl

KURZ & KNAPP

Taucher im Sturm
Die Granja Las Pardelas ist nach den *pardelas* (Sturmtauchern) benannt, die v. a. auf den Lanzarote nördlich vorgelagerten Mini-Inseln beheimatet sind. Sie stehen unter Naturschutz, weil ihre Zahl stark rückläufig ist. Noch vor einigen Jahren wurden jeden Sommer Hunderte von Jungvögeln getötet, um ihrem Schnabel ein angeblich heilendes Öl zu entnehmen.

re füttern und auf einem geduldigen Maulesel ein paar Runden drehen; in einer Werkstatt wird ihnen beigebracht, wie man aus Ton Figuren formt. Zur Anlage gehört ein Picknickplatz, man kann Tellergerichte bestellen und Wein trinken.

> **Lanzaloe** <100> Calle La Quemadita 96, www.lanzaloe.com, Mo–Sa 11–17 Uhr
> **Granja Las Pardelas** <101> Calle La Quemadita 88, Tel. 928842545, www.pardelas-park.com, 10–18 Uhr, Eintritt 3/2,40 €, Eselritt 3 €

64 Órzola ★★ **[J3]**

Lanzarotes nördlichster Ort lebt von seinem kleinen Fischerhafen und der Fährverbindung nach La Graciosa. Tagesausflügler schätzen die Fischrestaurants, Traveller freuen sich über eine Handvoll preiswerter Unterkünfte. Mit der Fähre setzt man in nur 25 Minuten nach La Graciosa über, der einzigen bewohnten Insel innerhalb des Lanzarote vorgelagerten Kleinen Archipels (Archipiélago Chinijo).

In der Umgebung von Órzola gibt es schöne Buchten: 1 km nordwestlich liegt am Fuß gewaltiger Klippen die 300 m lange, hellsandige **Playa**

de la **Cantería** (erreichbar über eine Schotterpiste). Die meist starke Brandung bietet ein großartiges Schauspiel, doch sorgt sie auch dafür, dass an ein Bad nicht zu denken ist. Südöstlich von Órzola, an der LZ-1 Richtung Arrieta, sind längs der Küste sieben Buchten aneinandergereiht, deren weißer, feinpudriger Sand mit schwarzem Lavagestein kontrastiert. Wegen scharfkantiger Riffs sind auch sie zum Baden nicht geeignet, aber doch herrliche Orte zum Planschen und Picknicken – mit Blick auf den Felsturm Roque del Este. Von Órzola kommend erreicht man nach 1,5 km den 500 m langen **Caletón Blanco**, weitere Buchten mit türkisfarbenem Wasser folgen nach 3, 3,5 und 4 km.

Unterkunft

Über Läden und Lokale werden private Apartments vermittelt. Außerdem:

> **Casa Sebastián** €€€ <102> Calle Lajiar 59, buchbar über Rolf Jonas, Mobiltel. 629532225, www.lanzarote-arrieta.de. Herrlicher Blick aufs Meer und Fischerboote, 100 m² komfortable Wohnfläche und zwei große Terrassen – was will man mehr?
> **Ap. Los Vientos** € <103> Calle La Quemadita 4, Mobiltel. 616654596 oder Tel. 928842552, www.casas-lanzarote.de. Gegenüber der Anlegestelle werden vier rings um einen kleinen Garten angelegte Apartments vermietet.

Essen und Trinken

In allen Lokalen bekommt man, was die Fischer gebracht haben: Fisch, Kalamar und Garnelen. Die Zubereitung ist schlicht *a la plancha* (auf heißer Platte gebraten), dazu gibt's Runzelkartoffeln mit Koriandersoße *(papas arrugadas con mojo verde)*.

Nach La Graciosa!
Von Órzola starten drei- bis achtmal täglich kleine Fähren zur Nachbarinsel. Nicht nur das Ziel lohnt sich, schon die Fahrt durch die Meerenge ist ein Erlebnis: vorbei an gigantischen, senkrecht aus den Fluten ragenden Klippen (s. La Graciosa, Seite 83 und „Bootfahren und Segeln", Seite 92)!

> **Os Gallegos** €€€ <104> Calle La Quemadita 6, Tel. 928842502, ab 10 Uhr. Im blau-weißen Innenraum und auf der überdachten Terrasse hat man das Hafentreiben im Blick. Hier gibt's außer kanarischem Meeresgetier galicische Muscheln *(almejas/berberechos)* und Hummer *(langosta)* auf Bestellung. Eine galicische Spezialität sind *empanadas:* Teigkuchen, pikant gefüllt mit Thun bzw. Kabeljau, Zwiebel, Paprika und Tomaten.

> **Perla del Atlántico** €€ <105> Calle Peña de Dionisio 1, Tel. 928842589, ab 10 Uhr. Das Promenadenlokal bietet von der Terrasse einen schönen Blick aufs Meer und auf Fischerboote. Juana und Jerónimo servieren Fisch und Meeresfrüchte: frisch und in großen Portionen, lecker: *gambas al ajillo* (Garnelen mit viel Knoblauch gebraten).

65 Cueva de los Verdes ★★★ [K4]

„Jules Verne musste bis ins Erdinnere reisen, um eine überraschende Geschichte zu erzählen ...": Mit diesen Worten wirbt die Inselregierung für einen Besuch in der Cueva de los Verdes. Und sie hat Recht: Gleich unter der Erdoberfläche können Sie durch Lavaröhren spazieren, durch die einst heißes Magma aus dem Erdinnern floss – nur an wenigen Orten der Welt kann man so leicht in die „Eingeweide" von Vulkanen hinabsteigen!

Die Höhlen von Cueva de los Verdes (und Jameos del Agua) gehören zu einem 8 km langen Tunnelsystem, das beim Ausbruch des Monte Corona vor 3000 Jahren entstand und sich über die Küste bis zum Atlantikboden erstreckt. Zwar handelt es sich nicht um den längsten Lavatunnel der Welt (dieser Rang bleibt der Kazumare Cave auf Hawaii vorbehalten), doch tut der niedere Rang seiner Schönheit keinen Abbruch. Durch eine große Einsturzöffnung geht es in 50 m Tiefe hinab, das natürliche Licht erlischt und die Außengeräusche verebben. Dem Besucher eröffnet sich eine fantastische Szenerie: Die Wände leuchten in kräftigen Farben, schillern zwischen rotem Eisenoxyd und pechschwarzem Magnesium, grellem Schwefelgelb und weißem Kalziumsulfat. Bizarr erstarrtes Gestein lässt an Geister und Dämonen denken; im Fluss erstarrte, tropfsteinähnliche Gebilde, die „Lavatränen", hängen von der Decke. Abgründe tun sich auf, die sich bei näherem Hinsehen als optische Täuschung erweisen: So unbewegt sind die unterirdischen Seen, dass sich Felsgewölbe als schwarzes Nichts in ihnen spiegeln. Besucher passieren die Schlünde in gebückter Haltung und atmen auf, wenn sich der Tunnel zu einem riesigen Saal weitet. Dann endlich wieder Tageslicht, die Geister entsteigen der Unterwelt ...

> **Anfahrt:** Der Bus (Linie 9 Arrecife – Órzola) hält 4 km nördlich Arrieta an der Hauptstraße LZ-1, wo eine Asphaltpiste landeinwärts abzweigt. Der Eingang ist ausgeschildert, Wärter weisen Besucher zum Parkplatz.

> **Cueva de los Verdes**, 10–19 Uhr, 50-minütige Führungen (1,5 km) ca.

halbstündlich, letzte Besuchsmöglichkeit 18 Uhr; Erläuterungen in der Regel auf Spanisch oder Englisch, Temperatur 18–20 °C, Eintritt 9 €, Kinder bis 12 Jahre 4,50 €; etwas billiger beim Kauf einer Mehrfachkarte (s. „Lanzarote preiswert", Seite 121).

66 Jameos del Agua ★★★ [K4]

Jameos sind Vulkanhöhlen, deren Decken eingestürzt sind, sodass Tageslicht in die Dunkelheit flutet. An der Straße von Arrieta nach Órzola kann man eine solche halboffene Grotte kennenlernen. Weil ein natürlicher See dazugehört, spricht man von den *Jameos del Agua* (Wasserhöhlen). Die schweigsame, in sich geschlossene Welt wurde von César Manrique gestaltet und gilt als sein gelungenstes Werk. Über eine breit angelegte Lavatreppe steigt man zum **Jameo Chico**, der „kleinen Höhle" hinab, in der ein Restaurant unauffällig in den Fels geschlagen wurde. Schon von hier erhascht man einen Blick auf den von dunklen Lavawänden umfangenen

See, den Einstieg in den **Túnel Atlántida**, der sich unterseeisch 1,5 km fortsetzt. Er endet im Meeresgrund und ist durch schmale Spalten mit dem Atlantik verbunden, weshalb sich sein Wasserspiegel mit Ebbe und Flut ändert. Über Stufen steigt man zum See hinab und sieht auf seinem Grund winzige **Albinokrebse** (*Munidopsis polymorpha*) – sie leben nur hier, nirgends sonst auf der Welt. Wie es heißt, wurden sie vor Tausenden von Jahren durch ein Seebeben aus der Tiefe des Meeres emporgespült. Die Augen sind verkümmert, in der Dunkelheit der Höhle wurden sie nicht gebraucht. Immer wenn gegen Mittag Sonnenlicht durch ein Deckenloch einflutet und den See aufglitzern läßt, tauchen die Krebse ab und verstecken sich zwischen dunklem Gestein. Auf Schildern werden Besucher gebeten, keine Münzen ins Wasser zu werfen, denn das sich lösende Schwermetall vergiftet das Gewässer.

⌂ *Casa de los Volcanes (s. S. 78)*

Man geht am Ufer entlang, einer großen, auf der gegenüberliegenden Höhlenseite aufscheinenden Öffnung entgegen. Über in den Fels geschlagene Plateaus erklimmt man das zweite Einsturzloch, **Jameo Grande.** War man gerade noch Teil der dunklen Unterwelt, ist man nun plötzlich lebhaften Farben ausgesetzt. Sonnenlicht bricht sich im Wasser eines elegant geschwungenen, grellweiß getünchten Pools, Palmen neigen sich über seine türkis schimmernde Oberfläche. Wer möchte sich da nicht in die Fluten stürzen und zur winzigen Lavainsel hinüberschwimmen, vielleicht auch nur sich am flach abfallenden Ufer sonnen – doch das ist leider nicht möglich, banal heißt es *prohibido bañar*se (Baden verboten), nur Betrachten ist erlaubt – ob das César Manrique gewollt hat?

Am hinteren Ende des Pools kommt man zum **Auditorium,** eine große, schräg nach unten abfallende Höhle, verwandelt in einen Konzertsaal. Der rundum von zerklüfteter Lava umschlossene Raum strahlt einen Zauber aus, der sich gleichermaßen auf Musiker und Zuhörer überträgt. Retour am Pool steigt man über eine Wendeltreppe zur Galerie hinauf. Der Blick gleitet über Jameo Grande bis zum 300 m entfernten Meer.

Zum Abschluss bietet sich ein Besuch in der **Casa de los Volcanes** an. Durch einen Spiegeltunnel, in dem man sich in verwirrender Vielfalt wiedersieht, gelangt man in einen großen Saal. Dort wird multimedial die weltweite Entwicklung des Vulkanismus veranschaulicht. Man kann sich über die letzten Ausbrüche informieren, erfährt Wissenswertes über historische Eruptionen und die Gefahr neuerlicher Explosionen. Eine Mess- und Beobachtungsstation, die permanent Daten über die Insel ausspuckt, registriert kleinste Veränderungen in der Erdkruste. In einer Ausstellung werden die verschiedenen Vulkansteintypen der Kanarischen Inseln vorgeführt, auch eine Spezialbibliothek wurde eingerichtet.

› **Anfahrt:** Der öffentliche Bus (Linie 9) hält 4 km nördlich Arrieta an der Hauptstraße LZ-1, wo eine Asphaltpiste zur Küste abzweigt (dort ist ein großer Parkplatz).

› Tel. 928848020, tgl. 10–18.30 Uhr, zusätzlich Di und Sa 19–24 Uhr, Eintritt 9 €, Kinder bis 12 Jahre 4,50 € (tagsüber und abends); etwas billiger beim Kauf einer Mehrfachkarte (s. „Lanzarote preiswert", Seite 121). Während des Abendbesuchs gibt es nebst mehrgängigem Dinner Tanz- und Folklore-Shows.

67 Arrieta und Punta Mujeres ★★ [J5]

César Manrique lässt grüßen: Sein knallrotes Windspiel an der Hauptstraße kündigt **Arrieta** an. Biegt man Richtung Küste ein, gelangt man zur Mole, an der allmorgendlich Fischer in See stechen. Auf dem benachbarten Kap trotzt eine blau-rote Villa den Wellen, die kleine, ihr zu Füßen liegende Bucht ist ein ideales Planschbecken für Kinder. Nach Arrieta kommt man vor allem, um Fisch zu essen, längs der Küstenstraße locken mehrere Lokale. Am südlichen Ortsende ist gleichfalls Interessantes zu entdecken: Ein Steg führt weit aufs Meer hinaus, jenseits davon liegt die 500 m lange, feinsandige **Playa de la Garita.** Flach fällt sie ins Meer ab, bei ruhiger See kann man in die Fluten steigen. Werktags ist die Playa fast menschenleer, nur am Wochenende herrscht reger Betrieb, wenn Einheimische kommen und Drachenflieger am Strand landen. Es gibt sogar ein

Abendprogramm am Strand: Samstags spielen in der Strandbar lokale Bands Jazz- und Salsarhythmen.

Punta Mujeres ist mit Arrieta fast verschmolzen und erstreckt sich gleichfalls längs einer niedrigen Klippenküste. Unmittelbar am Meer verläuft eine schmale Promenade, vorbei an zwei Naturschwimmbecken und Minibuchten – zum Baden nicht gerade toll, aber zum Planschen reicht's. Für maritimes Flair sorgen ein paar Fischerboote. Weniger idyllisch sieht's in zweiter und dritter Strandreihe aus, wo im Bauboom monotone Reihenhäuser entstanden. Sowohl Arrieta als auch Punta Mujeres sind beliebt bei Travellern, die hier eine Reihe günstiger Unterkünfte finden. Sie können tauchen und wellenreiten, am Strand Beachvolleyball spielen und drachenfliegen!

Das „Blaue Haus" in Arrieta **67**

Unterkunft

In Arrieta und Punta Mujeres werden über Läden und Lokale preiswerte Apartments vermietet. Außerhalb der Winter- und Osterferien ist es kein Problem, ein Bett zu finden. Gleichfalls im Angebot:

› **Casa La Playa** €€–€€€ ‹106› Calle La Playa 5, buchbar über Rolf Jonas, Mobiltel. 629532225, www.lanzarote-arrieta.de. 110 m² großes, zweigeschossiges Haus am Meer für 3–5 Personen. Die Playa La Garita mit Kinderspielplatz erreicht man zu Fuß in zwei Minuten.

› **Finca de Arrieta** €€–€€€ ‹107› Carretera a Tabayesco s/n, Tel. 928826720, www.lanzaroteretreats.com, Woche ab 490/445 €. Öko-Resort an der Mündung des Tabayesco-Tals wenige Gehminuten von Arrieta, von Strand und Ort durch die Hauptstraße getrennt. Man wohnt in bis zu 80 m² großen Jurten aus der Mongolei. Der Boden ist mit Holz oder Marmor ausgelegt, die „Dachluke" lässt sich öffnen. Um das Zelt herum sind ein Bad, eine halboffene Küche sowie eine Terrasse angebaut, die Betten sind gut – auch Bademäntel werden gestellt. Zur Begrüßung gibt es ein bescheidenes Gastro-Paket. Morgens holt man sich brutwarme Eier aus dem Hühnergehege, das leider – ebenso wie der Pool und das Gemeinschaftshaus – nicht immer sauber wirkt.

> **Ap. Milagrosa** €-€€ ‹108› Calle La Garita 33, Tel. 928848285. Heike und Ulrich von der Tauchschule Northdiving Lanzarote vermieten die Apartments von Señora Milagrosa: acht mit Kiefernholzmöbeln eingerichtete Apartments in der Calle Tres Barrancos 18 und zwei in der Calle Bebederos 38, einige mit Terrasse.

Essen und Trinken

Zum fangfrischen Fisch bestellt man ein Glas des herben Weißweins vom Monte Corona. Die Lokale haben sich auf mitteleuropäische Essenszeiten eingestellt und schließen oft schon um 20 Uhr!

> **Amanecer** €€ ‹109› Calle La Garita 46, Tel. 928835484, Do geschl. Das Lokal,

das von fünf Brüdern geleitet wird, ist das beliebteste im Ort, Gäste nehmen kleine Wartezeiten gern in Kauf. Drinnen ist es etwas laut, darum sollte man versuchen, einen Platz auf dem Balkon zu bekommen: Wunderbar ist es, über dem Meer zu sitzen!

> **Chiringuito** € ‹110› Playa de la Garita, Tel. 928173339. In der urigen Strandbar gibt es gute Tapas, auf Wunsch auch als *ración* (d. h. in großer Portion). Am Wochenende erklingt abends Live-Musik!

> **El Charcón** €€ ‹111› Calle Charcón 13 (Muelle), Tel. 928848110. Im Lokal an der Mole bieten Antonio und seine deutsche Frau Sabina Fischgerichte auf zwei windgeschützten Terrassen. Dazu servieren sie hauseigenen Wein der Marke La Grieta „mit geschützter Herkunftsbezeichnung" *(denominación de origen)*. Nach Voranmeldung kann man ihre picobello saubere Bodega in Punta Mujeres besichtigen (Mobiltel. 639127263).

Allheilmittel Aloe Vera

Massageöle und Cremes, Peelings und Packungen: Kaum eine kosmetische Anwendung verzichtet auf Aloe Vera. Sind Sie im Norden unterwegs, werden Sie Felder der kniehohen, blassgrün bis rosafarbenen Pflanze sehen. Nach fünf Jahren Wachstum in „ewiger Sonne" wird sie geerntet. Ihre fleischigen, lanzenförmigen Blätter werden mit einem chirurgischen Schnitt geöffnet, dann wird ihnen das im Innern befindliche transparente Gelee entnommen. Von diesem hat es übrigens seinen (arabischen) Namen: „Alloeh" heißt „glänzende bittere Substanz". Schonend kaltgepresst behält diese alles, was Aloe zur

„Wunderpflanze" macht: feuchtigkeitsspeichernde und hautregenerierende Vitalstoffe, Aminosäuren, Enzyme und Vitamine.

*Spannend ist es, an einer (deutschsprachigen) Aloe-Vera-Führung teilzunehmen, bei der die Herstellung vorgeführt wird. Die Möglichkeit haben Sie z. B. bei **Lanzaloe** in Las Pardelas ❻❸ am Rand einer Aloe-Vera-Plantage. In dem an einen Laden angeschlossenen **Museo de Aloe** am Ortseingang Arrietas illustrieren Schautafeln, wie die Pflanze seit der Antike genutzt wurde.*

> ***Museo de Aloe** ‹112› Calle El Cortijo 2, www.aloepluslanzarote.es, So geschl.*

68 Mala ★ [J6]

Kaktusfelder, die sich von der Küste bis zum Gebirge erstrecken, mittendrin weiße, gepflegte Anwesen: Das ist das Dorf Mala, bevorzugter **Wohnort deutscher Residenten** (s. Extratipp „Lotus del Mar", Seite 81). Kilometerweit erstreckt es sich längs der Durchgangsstraße, an der sich außer der Pfarrkirche und dem Gesundheitszentrum ein paar Lokale befinden.

So ruhig es im Dorf zugeht, so wild ist die Küste: An niedrigen Klippen brechen sich die Atlantikwellen. Für Individualurlauber stehen in Mala schmucke, im Landesstil erbaute Fincas bereit, die zu erstaunlich günstigen Preisen angeboten werden.

69 Charco del Palo ★ [J6]

In den 1970er-Jahren entstand an der Felsküste ein **FKK-Dorf:** Nicht nur am Strand ist man hüllenlos, auch in den Straßen sind Textilien nicht nötig. Dies gilt freilich nicht für den Supermarkt, wo man großen Wert auf bekleidete Kunden legt. Abgesehen vom Einkaufsladen gibt es mehrere Bars und Restaurants, sodass man hier seinen Urlaub verbringen kann, ohne den Ort verlassen zu müssen. Zum Baden geht man an den **Enten-Pool,** ein von Sandterrassen gesäumtes, bei Flut sich füllendes Meerwasserbecken. Weiter südlich ragt der **Affenfelsen** auf, von dem Leitern ins bewegte Wasser führen. Dort lässt es sich bei ruhiger See gut schnorcheln und tauchen – viele sagen, dies sei der schönste Unterwasserspot Lanzarotes! Ein Stück weiter kommt man zum **Puerto Moro,** dem sogenannten „Maurenhafen" in einer tief eingeschnittenen Felsbucht.

Unterkunft

> **Castillo de Papagayo** €€–€€€ <114> pauschal bei Obōna-Reisen, Tel. 06032 96090, www.oboena.de. Das bekannteste spanische Obōna-Dorf liegt am Meer: über 40 Häuschen für 2–5 Pers., meist terrassenförmig und doppelstöckig gebaut. Mit zwei Pools, einer Liegewiese und einer Sonnenterrasse.

70 Jardín de Cactus ★★★ [J6]

Zwischen Mala und Guatiza erstrecken sich kilometerweit stachlige Opuntienfelder: der ideale Ort, um der Kaktuspflanze eine Huldigung darzubringen. An der Straße prangt unübersehbar ein giftiggrünes Riesenexemplar, das sich beim Näherkommen als Eisenskulptur entpuppt. In ihrem Schatten befindet sich der Eingang zum **Kaktusgarten,** dem wohl ungewöhnlichsten Botanischen

EXTRATIPP

Lotus del Mar

Eine der besten Individualunterkünfte der Insel und obendrein zu fairem Preis: Von der großzügigen **Casa Marlene** fast am Wasser ziehen sich mehrere Bungalows im Lanzarote-Stil hangaufwärts zur **Casita Margarethe.** Egal wo man sich einbucht, überall sind die Betten bestens und mit allergiefreien Materialien eingedeckt, Wohnküchen und Bäder lichtdurchflutet und die Terrassen aussichtsreich. Von einigen Häusern sieht man das Meer, von anderen sanft gewellte Gebirgsausläufer. Familie Himmelsbach wohnt gleich um die Ecke und hilft in allen Lebenslagen. Zu Lotus del Mar gehört auch ein Seminarzentrum – wer will, kann in einer „Pyramide" meditieren.

> **Lotus del Mar** €€ <113> Calle El Cangrejo 31, Tel. 928529589, www.lotus-del-mar.com, Gratis-WLAN

035lr Abb.: gs

Park der Kanarischen Inseln. César Manrique ließ in die Flanken eines alten, runden Steinbruchs Terrassen schlagen, durch Mauern aus aufeinandergeschichtetem Basalt abstützen und mit Lavakörnchen auslegen. Nun wirkt der einstige Steinbruch wie ein Amphitheater, die Kulisse für ein gigantisches Stillleben. Auf den Terrassen sind über 1400 Kakteen aus aller Welt kunstvoll postiert. Im zentralen Rondell ragen zerklüftete Lavasäulen auf, ihnen zu Füßen breiten sich Teiche aus. Besonders schön ist der Garten morgens und spätnachmittags, wenn nur wenige Besucher da sind. Dann wird deutlich, wie stark sich Manrique von japanischen Vorbildern leiten ließ: jede Pflanze eine Skulptur, das gesamte Ensemble eine entrückte Welt der Stille. Als einziges

Geräusch ertönt das Surren der großen Mühle hoch auf der Mauer, die der Wind unentwegt vorwärtstreibt.

Den schönsten Ausblick auf den Garten hat man von der Terrasse des Cafés; im Souvenirshop kann man außer dem üblichen Kunsthandwerk auch Gofio (s. „Lanzarote kulinarisch", Seite 105) erwerben, der zuvor in der Windmühle gemahlen wurde.

❯ **Jardín de Cactus,** LZ-1 Km. 15,
   10–17.45 Uhr, Restaurant 11–16 Uhr,
   Eintritt 5,50 €, Kinder 7–12 Jahre 4,50 €
   (inkl. bewachtem Parkplatz)

◹ *Über den Kakteen thront eine Gofio-Mühle*

◿ *Sandverwehte Straßen in Caleta del Sebo* ❼❶

Lausige Produkte

Wer es nicht weiß, kommt nicht auf das Geheimnis der Opuntienkakteen. Im 19. Jh. wurden sie aus Mexiko als Wirtspflanze der Koschenille-Laus eingeführt. Dies ist ein winziges Insekt, aus dem ein herrliches Karminrot gewonnen wird. Da es geschmacks- und geruchsneutral ist, wird es gern als Farbstoff für Alkoholika und Kosmetika genutzt. Die Herstellung ist mühsam: Die erste Generation der (weiblichen) Läuse muss auf die Pflanze gespachtelt werden, wo sich die Tiere alsdann mit ihrem Stechrüssel in die Pflanzenhaut bohren. Das Männchen hat einzig die Aufgabe, die Weibchen zu besamen, um nach vollbrachter Tat abzutreten. „Ihr" Leben dauert nur wenig länger: Sie brütet die Eier aus und stirbt, sobald die Larven geschlüpft sind. Sind die Tiere 3 mm dick und überzogen mit einer wachsartigen, weißen Haut, werden sie „geerntet". Dies geschieht dreimal im Jahr. Nach der Ernte werden sie mit Wasserdampf abgetötet und zermahlen. Für 1 kg Karminrot müssen Hunderttausende Läuse ihr Leben lassen. Heute liegen die meisten Felder brach; doch da die Pflanze an die Trockenheit optimal angepasst ist, gedeiht sie auch ohne Zutun und bestimmt das Landschaftsbild.

Eine von der EU subventionierte Kooperative versucht, die Schildlauszüchtung wiederzubeleben. Mehrere Zentner der mit Markenzeichen geschützten „Cochinilla de Lanzarote" werden jedes Jahr geerntet. Auf der Insel wird der Farbstoff z. B. den Aloe-Vera-Kosmetika beigemischt (s. Exkurs, Seite 80).

Insel La Graciosa

Die „Anmutige" ist eine 27 km² kleine Insel vor Lanzarotes Nordküste. Sie hat spektakuläre Strände und mehrere erloschene Vulkane. Mit ihren sandverwehten Pisten, flach geduckten Fischerhäusern und einem Mini-Hafen wirkt die „Hauptstadt" Caleta del Sebo wie aus der Zeit gefallen. 600 Menschen leben hier vor allem vom Tourismus, einige von der Fischerei. Im Sommer verdoppelt sich die Bevölkerungszahl. Dann beziehen Kanarier von den Nachbarinseln ihre Ferienhäuser in Pedro Barba, dem zweiten Ort auf La Graciosa, und mit der Ruhe ist es vorbei ...

⑪ Caleta del Sebo ★★   [I3]

Nach 20-minütiger Fahrt ab Órzola erreicht die Fähre den Fischerhafen von Caleta del Sebo. Der wenig schmeichelhafte Name („**Bucht des Vogelmists**") erinnert daran, dass die Bewohner Lanzarotes hier einst den wertvollen Dung einholten, um die heimischen Felder fruchtbar zu machen. Noch heute bevölkern Hunderte von Möwen den Hafen ... Caleta del

O3ólr Abb.: gs

037lr Abb.: wp

Sebo besteht aus weißen, einstöckigen Häusern, deren Eingänge oft mit Treibsand zugeschüttet sind. Es gibt eine Kirche und eine Bäckerei, Arzt und Apotheke, mehrere Supermärkte und auch einen kleinen Markt, einige Bars und Restaurants. Viele Apartments werden vermietet, doch noch immer liegt über dem Ort eine Stimmung von Ruhe und Gelassenheit.

Strände

Die Strände La Graciosas zählen zu den schönsten der Kanaren, sie sind Badebuchten mit weißem Sand und türkisfarbenem Wasser. Südwestlich der Hauptstadt liegt die 1,8 km lange **Playa del Salado** mit Fernblick auf die senkrecht aus den Fluten ragenden Famara-Klippen. Ein Kap trennt die Bucht von der kleineren, lagunenartigen, 400 m langen **Playa de la Francesa**. Die **Playa de la Cocina** liegt gleichfalls im Süden, sie ist nur

100 m lang, doch mit ihrem von Lavaarmen umschlossenen, türkisfarbenen Wasser wirkt sie wie ein Naturpool. Attraktiv ist auch die **Playa de las Conchas** im Norden mit Blick auf die Vogelinsel Montaña Clara. Einziger Wermutstropfen dieser tollen Bucht: Schwimmen ist nicht zu empfehlen, die Unterströmungen sind gefährlich!

Infos und Reisetipps

❯ **Fähre:** Die Personenfähre der Lineas Romero verkehrt bei gutem Wetter 3 – 8 x tgl. zwischen Lanzarote und La Graciosa (Fahrzeit 20 Min., Tickets an Bord, 11/7 € einfache Fahrt); ab Órzola von 10 bis 17 Uhr, ab La Graciosa von 8 bis 16 Uhr, im Sommer länger. Reservierung sinnvoll an Feiertagen und im Sommer unter Tel. 902401666, www.lineas

⌂ *Im Hafen von Caleta del Sebo* ⬤

Humboldt und Stevenson – auf La Graciosa

Auf seiner Reise nach Südamerika (1799) legte der Naturwissenschaftler einen Zwischenstopp auf den Kanaren ein. Damals machten englische Korsaren die Inselgewässer unsicher. Am 17. Juni notierte Humboldt über das Landemanöver seines Schiffes: „Man hielt einen Basaltfelsen für ein Kastell, man salutierte es durch Aufhissen der spanischen Flagge und warf das Boot aus, um sich durch einen Offizier beim Kommandanten des vermeintlichen Forts erkundigen zu lassen, ob Engländer in der Umgebung kreuzten. Wir wunderten uns nicht wenig, als wir vernahmen, dass das Land, das wir für einen Teil der Küste von Lanzarote gehalten, die kleine Insel La Graciosa sei … Wir benutzten das Boot, um an Land zu gehen, das den Schlusspunkt einer weiten Bay bildete. Ganz unbeschreiblich ist das Gefühl des Naturforschers, der zum ersten Mal außereuropäischen Boden betritt …" Hundert Jahre später verewigte Robert Louis Stevenson La Graciosa in seiner „Schatzinsel": Ein englisches Korsarenschiff voll geraubten Goldes wird von anderen Piraten aufgebracht. Den Engländern gelingt es noch, das Gold auf der Insel zu ver-graben, dann werden sie gefangen genommen. Selbst unter Folter geben sie das Geheimnis nicht preis. Nur ein Schiffsjunge überlebt, kann sich Jahre später aber nicht an den genauen Standort erinnern …

△ *Humboldt: Sein Konterfei schmückt sogar Weinflaschen*

romero.com. Zusätzlich pendelt zwischen Órzola und La Graciosa der Biosfera Express (www.biosferaexpress.com).

› **Wassertaxi:** Schnelle Schlauchboote *(zodiacs)* bringen Gäste mit Voranmeldung nach Órzola und rund um La Graciosa; auch die vorgelagerten Eilande Alegranza und Montaña Clara können umfahren werden (Infos unter www.line asromero.com).

› **Radfahren:** Mieten kann man Räder direkt an der Anlegestelle (Av. Virgen del Mar s/n, Tel. 928842138, 10–13 Uhr und nach Ankunft der Fähre).

Unterkünfte

500 „Betten" gibt es in Caleta del Sebo, dem Hauptort auf La Graciosa: in einem kleinen Hotel, in Pensionen und Apartments, außerdem einen Campingplatz.

> **Hotelito Varadero** €€ <115> Av. Virgen del Mar 19, Tel. 928842175, 5 Zimmer. Kleines Hotel direkt am Hafen mit netten Zimmern über dem gleichnamigen Restaurant.
> **Ap. Maalouma** €-€€ <116> Calle Calima s/n, Mobiltel. 635797156, www.apartamentos-lagraciosa.com. Am östlichen Ortsrand vermietet Luis M. Cabrera, zeitweise vertreten durch Peter Stadelmann, mehrere 50 m² große, funktionale Apartments, Möwengeschrei inkl.

Essen und Trinken

> **Girasol** €€ <117> Av. Virgen del Mar s/n, Tel. 928842118. Fischlokal in bester Lage: von der Terrasse genießt man den Ausblick über den Hafen.
> **El Varadero** €€ <118> Av. Virgen del Mar 19, Tel. 928842175, tgl. außer Di ab 10.30 Uhr. Maritim inspiriertes Lokal gegenüber der Anlegestelle. Señor Ismael serviert kühle Drinks, auch die Fischplatte schmeckt!

⑫ Archipiélago Chinijo ★★★

La Graciosa ist das Herzstück des Archipiélago Chinijo, des „Kleinen Archipels". Zu ihm gehören auch die vier Eilande Montaña Clara, Alegranza, Roque del Este und Roque de Oeste. Diese stehen unter Naturschutz und dürfen nur mit **Sondergenehmigung** zum Zweck wissenschaftlicher Forschung betreten werden. Von dieser restriktiven „Hausordnung" profitieren seltene Vögel wie Gelbschnabelsturmtaucher, Fischadler, Falken und Schmutzgeier. Auch über 200 Meeresarten werden geschützt: Wale und Delfine sowie die vom Aussterben bedrohte Napfschnecke und die Meeresschildkröte. Wer sich von See aus einen Eindruck von den Inseln verschaffen will, kann sich im Ort nach Ausflugsmöglichkeiten im Wassertaxi erkundigen.

Lanzarote
aktiv

080lr Abb.: dt©irabel8

044 lr Abb.: gs

Die Insel hat schöne Strände von weiß bis schwarz, an denen das ganze Jahr über gebadet, geschnorchelt und getaucht werden kann. Auch gibt es mehrere gute Spots für Wellenreiter und Windsurfer. Von allen Jachthäfen starten Boote zu Küstentouren. Wer dem Wasser nichts abgewinnen kann, fährt Rad oder reitet, spielt Golf oder steigt mit dem Gleitschirm in die Lüfte.

Ein großes Sporthotel steht an der Nordküste der Insel. Freizeitsportler und Weltklasse-Profis kommen nach **La Santa**, um sich fit zu machen (s. S. 52). Dank des jährlich meist Ende Mai ausgetragenen Ironman-Triathlons hat sich die Insel ein sportives Image zugelegt.

◁ *Auf Lanzarote gibt es eine Reihe guter Surfspots*

◹ *Ganzjährig sommerliches Treiben an der Playa Dorada (s. S. 39)*

Baden

Baden ist das ganze Jahr über möglich – die Wassertemperatur liegt im Winter bei 17–20 °C, im Sommer bei 20–23 °C. Gebadet wird an der **Ost- und Südseite** der Insel, wo die Brandung relativ schwach ist. An der West- und Nordseite dagegen ist Baden nicht zu empfehlen: Aufgrund der starken Strömung, der scharfkantigen Lava und der Felsriffs unter der Wasseroberfläche ist hier das Schwimmen gefährlich!

Die **besten Strände** bieten die großen Ferienorte Puerto del Carmen ❿ und Playa Blanca ⓳, in Costa Teguise ㊽ sind sie bescheidener. Auch die Playa de la Garita in Arrieta ㊲ hat ihre Anhänger. An der Nord- und Westküste gibt es eine Reihe landschaftlich attraktiver Naturstrände, allen voran die Playa in La Caleta de Famara ㊻ am Fuß gigantischer Klippen – sie ist aber nur für eine kurze Erfrischung oder eine Strand-

Wassersport

Tauchen und Schnorcheln

Lanzarotes **bizarre Lavalandschaft** setzt sich unter Wasser fort: Klippen, Felsdurchbrüche und Grotten säumen die Küste, darin tummeln sich Einsiedlerkrebse und Papageienfische, Engelshaie und Muränen. In den Monaten Mai bis Oktober schwimmen Mantas und Mondfische bis an die Küste heran, von August bis Dezember sieht man Schwärme von Seepferdchen.

Hotspots

Die schönsten und sichersten Reviere liegen im Süden an der Meerenge zwischen Lanzarote und Fuerteventura, außerdem vor Puerto del Carmen (an der Playa Barrilla) und weiter nördlich am FKK-Resort Charco del Palo.

🔟 **Puerto del Carmen:** Vor der Playa de la Barrilla gibt es Grotten, Höhlen, Durchbrüche und bizarre Felsformationen. Die Wände sind reich bewachsen, man sieht Groß- und Schwarmfische; vor dem Hafen können in 18–32 m Tiefe acht versenkte Windjammer besichtigt werden.

Weiß oder schwarz?
Weiß ist der Sand, wenn er marinen Ursprungs ist, d. h. aus pulverisierten kalkhaltigen Korallenskeletten, Muschelhäusern und Krebspanzern besteht. Schwarz ist Sand aus Lava. Egal ob weiß oder schwarz: Die Brandung hat das Vulkangestein im Lauf der Zeit zertrümmert und immer feiner geschliffen. Sind die Partikel kleiner als 2 mm, spricht man von Sand, sind sie größer, handelt es sich um Kiesel.

wanderung zu empfehlen! Wunderbare Strände bietet auch die Insel La Graciosa (s. S. 83), doch gilt: Nord- und Westseite sind zum Baden tabu! Ausführlich beschrieben werden die Strände in den Regionalkapiteln.

An allen viel besuchten Stränden werden **Flaggen** gehisst, die beachtet werden müssen. Bei Rot heißt es: Baden verboten, bei Gelb wird zu Vorsicht gemahnt, und nur bei Grün darf man unbesorgt ins Meer gehen. Die gelbe bzw. rote Flagge wird auch aufgezogen, wenn ein Geschwader „Portugiesischer Galeeren" im Anmarsch ist: Dabei handelt es sich um bläuliche Quallen, erkennbar an ihren über der Wasseroberfläche aufgeblähten Segeln. Ihre langen Nesselfäden verursachen Verbrennungen, manchmal sogar Lähmungserscheinungen. Und bitte auch die Gezeiten beachten! Bei *pleamar* (Flut) ist die Brandung größer, bei *bajamar* (Ebbe) geringer.

Das **Nacktbaden** wird auf Lanzarote nur an den Playas de Papagayo 🞉, an der Nordseite der Bucht von La Caleta de Famara 🞉 und auf La Graciosa geduldet. Alternativ gibt es in Charco del Palo 🞉 ein **FKK-Resort**, in dem sich ausschließlich Nackedeis tummeln.

041lr Abb.: gs

▵ *Die Feilenkrabbe*

> **Puerto Moro** (s. S. 81): Erkalteter Lavastrom südlich des FKK-Resorts Charco del Palo, ins Meer führend und mit Höhlen gespickt; großer Fischreichtum mit Rochen und Engelshaien.
> **Playa de Tenezara** [L2]: Bester Spot der Westküste mit hochstehenden schwarzen Felsbrocken, in deren Höhlen sich Muränen und Grundhaie tummeln.
> **Roque del Este** [L2]: 2 km^2 großes, naturgeschütztes Felseiland im Norden Lanzarotes (Tauchgänge nur organisiert per Boot), berühmt dank eines Dokumentarfilms von Jacques-Yves Cousteau.

Anbieter

Tauchschulen verleihen Schnorchel, Maske und Flossen, auf Wunsch auch komplette Ausrüstung mit Anzug, Lampe und Sauerstoffflasche. Ganzjährig werden Kurse vom Anfänger bis zum Divemaster in allen größeren Ferienorten angeboten, die Tauchlehrer sind Mitglieder anerkannter internationaler Verbände wie CMAS und FEDAS. Voraussetzung für die Teilnahme an geführten Tauchgängen und Kursen ist ein ärztliches Attest, das mindestens noch sechs Monate gültig ist. Eine von jedem Taucher zu zahlende einmalige Jahresgebühr wird für den Unterhalt der Dekompressionskammer im Krankenhaus von Arrecife verwendet – im Falle eines Tauchunfalls bietet nur sie effektive Hilfe. Hier eine Auswahl eingeführter, meist deutschsprachiger Tauchschulen:

Puerto del Carmen

■ **Island Watersports** <119> Plaza del Varadero 36, Tel. 928511880, Mobiltel. 667092304, www.divelanzarote.com. Die von Georg und Trudi geführte Tauchschule befindet sich am Hafenplatz, getaucht wird an der Playa de la Barrilla (nahe Hotel Los Fariones).

Playa Blanca

■ **Big Blue Sea** <120> Calle La Tegala 20 (links neben dem deutschen Buchladen), Tel. 928519141, www.big-blue-sea.com. Die Tauchschule ist hochmodern ausgerüstet, Sicherheit wird großgeschrieben. Getaucht wird in kleinen Gruppen, außer an den Tauchspots vor Playa Blanca auch anderen interessanten Orten; die Gäste werden kostenlos vom Hotel abgeholt.

Costa Teguise

■ **Aquatis Divingcenter** <121> C.C. Las Maretas, Tel. 928590407, www.aquatis-lanzarote.eu und www.diving-lanzarote.net. Die Schule an der Playa de las Cucharas organisiert neben Kursen auch Nacht-, Wrack- und Strömungstauchen.

La Santa

> **La Santa Diving** <122> Tel. 928599995, www.lasantadiving.com. Die Tauchschule des Sporthotels La Santa (s. S. 52) bietet Kurse und Ausflüge.

Arrieta

> **Northdiving** <123> Calle La Garita 33, Tel. 928848285, www.northdiving-lanzarote.com. In der von Heike und Ulrich Schönfelder geführten Tauchschule werden die besten Plätze der Nordostküste erkundet. Über die Tauchschule werden auch günstige Apartments vermittelt.

Wellenreiten

Die wenigen Spots haben es in sich: Stundenlang hängen die Wellenreiter im Meer in Erwartung der „weißen Wand", über die sie ins Wellental hinabreiten.

▷ *Costa Teguise ist Lanzarotes Hotspot für Surfer*

Hotspots

> **Playa de la Garita** (s. S. 78, Arrieta **67**): Hier, wo die Brandung nicht so stark ist, trauen sich auch Anfänger aufs Brett.

56 **La Caleta de Famara:** Surf-Cracks und solche, die es werden wollen, besuchen den Traumspot im Nordwesten.

> **Playa de la Cantería** (s. S. 75): Nur Könner tummeln sich an dem wellenumtosten Nordstrand bei Órzola **64**.

Anbieter

Costa Teguise

In den Surfschulen kann man Ausrüstung leihen, Kurse werden aber nicht angeboten.

La Santa

An das große Sport-Resort La Santa (s. S. 52) ist auch eine Wellenreitschule angeschlossen (nur für Hotelgäste).

Wind- und Kitesurfen

Zwar kann Lanzarote nicht mit dem Surf-Dorado Fuerteventura mithalten, doch gibt es auf der Insel gleichfalls eine Reihe guter Spots. Für Anfänger ist die ruhigere Südostküste geeignet, wo im Sommer der Passat kräftig bläst. Cracks zieht es in den Nordwesten nach La Caleta de Famara – vor allem bei winterlichem Tiefdruckwetter und Südwind. Autoren der Zeitschrift „Surf" (www.surf-magazin.de) schreiben: Weil mit Wellen und starkem Wind auf Lanzarote nicht immer zu rechnen ist, „sollte man ein größeres Wellenbrett oder einen Freerider zu seiner kleinen Wavesemmel immer dabei haben, wenn man das komplette Angebot Lanzarotes nutzen will."

Ein **kompletter Surf-Urlaub** inklusive Boards, Segelpaletten und Kursen kann im Voraus gebucht werden, u. a. bei Sun and Fun. Man wohnt an der Playa de las Cucharas in Costa Teguise. Wer auf eigene Faust anreist, kann sich dort Equipment in der geleiteten Lanzarote Surf Company ausleihen und Kurse buchen.

042lr Abb.: pdl

Wassersport

Hotspots

43 Costa Teguise: Die Playa de las Cucha-ras (mit Surfschule vor touristischer Kulisse) ist der bekannteste Spot Lanza-rotes und für alle Könnerstufen geeignet. Anfänger bleiben in Küstennähe; weiter draußen, wo der Wind stark und kons-tant bläst, tummeln sich Fortgeschrit-tene. Einen ersten kleinen Break gibt es kurz vor der Mole, 300 m dahinter bricht sich die Welle meterhoch. Bei Flut gibt es auch in der nördlichen Nachbarbucht Los Charcos gute Bedingungen.

66 Jameos del Agua: Ideal für erfahrene Waverider, der schwierigste Spot Lanza-rotes. Komplizierter Einstieg über bran-dungsreiche Lavafelsen; am vorgela-gerten Riff bildet sich eine extrem lange Welle heraus, der Passatwind weht meist side offshore von links.

64 Órzola: Nur für Spitzen-Surfer, denen vor nichts graust; extremer Ostwind, Düseneffekt an der Meerenge El Río.

55 La Caleta de Famara: Leichter Start vom kilometerlangen Sandstrand, dann riesige, in Staffeln anrollende Wellen. Vom Wasser wirken die Klippen über-wältigend, doch das Vergnügen bleibt Cracks vorbehalten: Gefährliche Unter-strömungen bei ablandigem Wind haben hier schon manch einen Surfer auf Nim-merwiedersehen abtreiben lassen.

36 La Santa: Die brandungs- und strö-mungsfreie, direkt ans Sportzentrum angrenzende Flachwasserlagune ist der ideale Ort für Einsteiger. Auf halber Stre-cke zwischen dem Sport Resort und dem gleichnamigen Ort gibt es einen etwas anspruchsvolleren Spot.

10 Puerto del Carmen: Surfer sieht man an der Playa de Matagorda, einem Flach-wasserrevier für alle Könnerstufen. Im Sommer, wenn konstant starker Wind weht, öffnet eine kleine Surfschule, im Winter ist „tote Hose". Windsicherer ist der nördlicher gelegene Wavespot El Tiburón.

16 Playa Honda: Starker, schräg ablan-dig wehender Passat und absolut glat-tes Wasser: beste Bedingungen für Speedfreaks.

› **La Graciosa** (s. S. 83): Beliebter Spot für Anfänger ist die Playa de la Francesa (s. S. 84), Cracks wagen sich an die Playa Lambar an der Ostküste. Bisher kein Brettverleih vor Ort.

Anbieter

Costa Teguise
■ **Windsurfing Club** <124> Calle Marajo, C.C. Las Maretas 2, Tel. 928590731, www.sportaway-lanzarote.com. Alt-bewährte Basis mit großer Auswahl an F2-Boards und Neil-Pryde-Riggs, außer-dem alle Kurse.

La Caleta de Famara
› **Costa Noroeste Surf & Kite School** <125> Tel. 928528597, www.costanoroeste. com. Traditionsreiche Surfschule, die auch Apartments vermittelt.

Bootfahren und Segeln

Von allen Häfen der Ferien-Resorts starten bei ruhiger See **Bootsausflü-ge** – wahlweise mit einem alten Wind-jammer oder einem „Piratenschiff", einem Katamaran oder einer Jacht, einem Glasboden- oder U-Boot ...

Stets beliebt sind Whalewatching und Hochseeangeltouren. Oder man setzt mit der Linienfähre zu den Nachbarinseln Fuerteventura und La Graciosa über. Die Bootstouren werden im Rahmen eines Halb- oder Ganztagesausflugs angeboten, bei den meisten ist ein Snack an Bord im Preis inbegriffen, oft auch eine Schnorchelpartie in einer einsa-men Bucht. Die Preise schwanken zwischen 20 und 50 € (Kinder bis 12 Jahre zahlen die Hälfte).

Segler erwarten auf Lanzarote schöne **Jachthäfen** in Puerto Calero **17** und Playa Blanca **19** (Marina de Rubicón). Es gibt dort eine Reparaturwerft und eine Tankstelle, Jachten können gechartert werden. Herausgeputzt wurde auch der Jachthafen von Arrecife **1**, auf La Graciosa legt man in Caleta del Sebo **71** an. Im November starten viele Segler zum großen Transatlantiktörn. Wer mitreisen will, erkundigt sich im Hafen nach Angeboten.

Häfen/Anbieter

› **Puerto del Carmen:** Vom Hafen starten Mini-Kreuzfahrten und Angeltouren, Überfahrten nach Lobos und Fuerteventura, U-Boot-Trips und Wassertaxis (Express Water Bus) nach Puerto Calero. Tickets für alle Schiffsausflüge bekommt man im Hafen und im Internet unter www.aquaticket.com, Hochseefischer schauen unter www.sportfishinglanzarote.com.

› **Puerto Calero:** Mit dem Wassertaxi (Express Water Bus, Tel. 928514322) kommt man binnen weniger Minuten nach Puerto del Carmen, der Katamaran Catlanza (Tel. 928513022, www.catlanza.com) fährt zu den Playas de Papagayo; ein U-Boot bricht auf zur Submarine Safari (Tel. 928512898, www.submarinesafaris.com).

› **Playa Blanca:** Der Ferienort hat zwei Häfen, einen Fischerei- und Fähr- sowie einen Jachthafen – von beiden starten Bootsausflüge. Die beliebteste Tour führt zu den Playas de Papagayo, wo man einige Stunden am Strand verbringt, bevor man am Nachmittag abgeholt wird. Nach Fuerteventura, das von Lanzarote durch eine 15 km breite Meerenge getrennt ist, gelangt man mit den fast stündlich ablegenden Großfähren von Olsen bzw. Armas (s. Extratipp Seite 36). Ausflugsboote steuern

EXTRATIPP

Sport hoch zehn – Triathlon Ironman

Das größte Sport-Event des Jahres ist der Ironman, ein wahrhaft „stählernder" Wettbewerb. Hunderte von Spitzensportlern schwimmen 3,8 km, radeln 180 km und laufen 42 km. Dem Sieger winkt ein begehrter Finalplatz beim Triathlon in Hawaii, an dem die Crème de la Crème der Welt teilnimmt (www.ironmanlanzarote.com, meist Anfang Mai). Daneben finden 40 weitere internationale Leistungssportveranstaltungen auf der Insel statt ...

auch die kleine Insel Lobos an. Hochseeangeltouren führen weit hinaus aufs Meer. Am Jachthafen kann man Ausflüge buchen, Boote chartern und Segelkurse belegen (www.marinarubicon.com).

› **Órzola/La Graciosa:** Die Personenfähre der Lineas Romero (www.lineasromero.com) verkehrt bei gutem Wetter drei- bis achtmal täglich zwischen den Inseln (s. S. 84).

Wandern

Zum Wandern ist Lanzarote weniger geeignet als die westlichen Inseln: Statt grüner Wälder ein dunkles Lavameer, statt Laub- und Nadelboden scharfkantige Steine. Außer den jungvulkanischen Feuerbergen mit Kratern und Kegeln gibt es zwei altvulkanische, von Wind und Wetter geschliffene Gebirgsmassive: im Süden die wüstenhaften Täler von Los Ajaches, im Norden Famara mit dem 648 m hohen, oft wolkenumspülten Peñas del Chache als höchstem Inselberg. Auf La Graciosa führen diverse Wanderungen zu Badestränden.

043lr Abb.: pdf

In jüngster Zeit hat die Inselregierung damit begonnen, alte Dorfverbindungswege auf Lanzarote und La Graciosa zu restaurieren und nach internationaler Norm auszuschildern. Die meisten dieser Wege sind gelb-weiß (PR = *pequeño recorrido,* Kurztour) bzw. weiß-grün (SL = *sendero local,* Lokalweg). Auf keinem dieser Wege ist alpine Erfahrung nötig, die zu bewältigenden Höhenunterschiede halten sich in Grenzen. Gleichwohl sollte man eine gute Kondition mitbringen, denn gewandert wird „im Schweiß des Angesichts" – oft bei Starkwind und ohne Schatten. Zur Ausrüstung gehören gut eingelaufene Wanderschuhe (wegen Lavagrus möglichst mit hohem Schaft), Sonnen- und Windschutz, Proviant und vor allem viel Wasser. Beste Wanderzeit sind die Monate Dezember bis April, Winterregen sorgt dann (vielleicht) für etwas Grün und blühende Wiesen.

Organisierte Touren

Im **Besucherzentrum des Nationalparks** kann man sich das ganze Jahr für geführte Gratis-Touren durch die Feuerberge Lanzarotes anmelden (s. S. 51). Weitere Anbieter organisierter Touren sind:

❯ **Senderismo Lanzarote,** Mobiltel. 690053282, www.senderismolanzarote.com. Wochenend-Angebote der Inselregierung zum Selbstkostenpreis, auf Spanisch.

❯ **Lanza Trekk** (Stephan Isermann), Mobiltel. 696083345, www.lanzatrekk.com. Mit Infos zu Botanik, Vulkanologie und Geschichte.

❯ **Canary Trekking,** Mobiltel. 609537684, www.canarytrekking.com

Wandern auf eigene Faust

Für alle, die lieber allein wandern, werden in diesem Buch drei abwechslungsreiche Touren vorgestellt:

Wanderung 1: Schönster Klippenweg der Kanaren – von Las Rositas zur Playa del Risco und zurück

› **Charakter:** In Kehren schraubt sich der steingepflasterte, von Seitenmauern eingefasste Weg an der Abbruchkante des Famara-Massivs hinab. Atemberaubend ist der Ausblick auf La Graciosa, Alegranza und Montaña Clara, den „Kleinen Archipel" vor der Küste Lanzarotes. Am Ende erwartet Wanderer ein weißer Strand, der herrliche Erfrischung bietet. Besonders schön und breit präsentiert er sich bei Ebbe. Einziger Wermutstropfen der Tour: Ebenso steil wie hinab- muss man auch wieder hinaufsteigen. Am besten legt man den Aufstieg auf den späten Nachmittag, wenn die Sonne nicht mehr so heiß vom Himmel brennt.

› **Ausgangs- und Endpunkt:** Parkplatz Las Rositas

› **Länge:** 4,6 km hin und zurück

› **Dauer:** 3 Std.

› **Höhenunterschied:** je 440 m im An- und Abstieg

› **Anfahrt:** Von Máguez kommend kurz vor Yé (LZ-202, Km. 3,2) links ab und der Calle Las Rositas in Richtung Mirador del Río folgen; nach 500 m biegt man links in eine steingepflasterte Piste ein, die wenig später an einer Parkfläche endet. Vom Mirador del Río erreicht man den Startpunkt, indem man der südwestwärts weisenden schmalen Straße 2,3 km folgt und sich dann rechts hält. Kein Busanschluss!

› **Hinweis:** Außer Proviant und ausreichend Flüssigkeit bitte auch die Badesachen nicht vergessen! Wegen losen Gesteins auf dem Weg festes Schuhwerk wählen!

Vom Parkplatz **Las Rositas** folgen wir dem steingepflasterten Weg durch eine herbe Landschaft: Hinter sichelförmigen Mauern, die zum Schutz vor dem scharfen Wind errichtet wurden, wachsen verwilderte Reben und Feigenbäume; Efeu und Flechten überziehen schroffes Gestein. Nach 300 m gelangt man zu einem „Balkon" mit überwältigender Aussicht auf die Klippen, der gesamte Verlauf der Tour lässt sich von hier überblicken. Der fortan etwas schmalere Weg senkt sich im Zickzack längs des Steilhangs hinab, erst nahe der Küstenplattform flacht er ab. An einer quer verlaufenden Piste (45 Min.) halten wir uns rechts und erreichen wenige Minuten später die **Playa del Risco** (1 Std.): einen über 800 m langen, goldgelben Sandstrand mit türkisfarbenem Wasser und La-Gracio-sa-Blick. Beim Baden sollte man vorsichtig sein, die Unterströmungen sind stark.

Wer Lust hat, unternimmt von der Playa einen Abstecher (hin und zurück 3 km) rechts hinüber zu den Salinas del Río, den ältesten Salzgärten des Archipels. Aufgrund bestimmter, von Bakterien zersetzter Algenarten schimmern die Salzpfannen je nach Lichteinfall rosa bis orange – ein bizarres Farbspiel vor dem Blau des Meeres. Auf der vom Hinweg bekannten Strecke geht es zur **Calle Las Rositas** im gleichnamigen Ortsteil zurück (3 Std.).

◁ *Wandern nach winterlichem Regenfall, im Hintergrund der Monte Corona*

Wanderung 2: Rund um die Caldera Blanca – weißer Krater am Rand der Feuerberge

> **Charakter:** Aus schwarzem Lavameer ragen zwei helle Hügel empor. Der eine ist die Caldera Blanca, der „weiße Krater", mit über 1 km Durchmesser der größte der Insel. Ihm zur Seite steht Caldereta, das „Kraterchen". Die helle Farbe der beiden verdankt sich Kalkablagerungen, die das Regenwasser im Lauf der Zeit aus dem Gestein gewaschen hat. Zunächst führt die Tour ohne Höhenunterschied durch eine dunkle Lavalandschaft, dann hinauf zum Oberrand des großen Kraters. Von dort bietet sich eine atemberaubende Aussicht: Über verwitterte, tief erodierte Flanken schaut man ins Rund des ausgehöhlten Vulkans, in der Ferne leuchten die Feuerberge. Von Mancha Blanca bis zur Caldereta ist die Tour gelb markiert (PR-LZ-19).

> **Ausgangs- und Endpunkt:** LZ-67, Km. 8
> **Länge:** 8 km
> **Dauer:** 3:30 Std.
> **Höhenunterschied:** je 300 m in An- und Abstieg
> **Anfahrt:** Vom Besucherzentrum in Mancha Blanca folgt man der Straße LZ–671,5 km nordwärts, wo linker Hand eine Piste abzweigt (Parkmöglichkeit, Schaukasten).
> **Hinweis:** Die Tour ist leicht, doch sollte man Trittsicherheit und Schwindelfreiheit, aufgrund des Höhenunterschieds auch eine passable Kondition mitbringen!

Man verlässt die vom Besucherzentrum nordwärts führende LZ-67 auf einer von Mauern gesäumten Schotterpiste (PR-LZ-19, gelb markiert). Sie führt durch schwarze Weinfelder, im Hintergrund sieht man bereits unser Ziel, die Caldera-Hügel. Nach 700 m signalisieren auf die Piste gerollte Felsbrocken, dass es nur noch zu Fuß weiter geht – vor uns das Lavameer. Rechts der Piste wechseln wir auf einen Schlackepfad, der in Richtung auf die **Caldereta** zuhält, dann an ihrer Nordseite entlangführt, vorbei an verfallenen Steinhütten und an der Flanke hinauf. Statt der gelben Markierung PR-LZ-19 (diese führt durchs Flachland weiter zur Playa de las Malvas) weisen uns fortan Steinmännchen den Weg. Ihnen folgen wir 5 Min. später nach rechts durch den erstarrten Lavafluss zur **Caldera Blanca**. An ihrem Fuß halten wir uns rechts und stoßen sogleich auf einen zum Kraterrand hinaufführenden Steig. Oben angekommen, bietet sich ein erster grandioser Blick in den 300 m tiefen, von Erosionsrinnen durchfurchten Kessel. Im Uhrzeigersinn laufen wir nun auf dem Kraterrand hinauf zum höchsten, durch eine Messsäule markierten Punkt (458 m).

Anschließend geht es über Basaltbrocken zur tiefsten Stelle im Rund hinab. Steinmännchen weisen uns nach links, wo wir auf einem alten Steig hinabgehen und auf den „Camino del Islote", eine quer verlaufende Piste, stoßen. Wir folgen dieser nach rechts bis zu ihrem Ende an einem Wendeplatz. Halblinks wechseln wir auf einen durch Steinmännchen markierten Weg, der uns zum Fuß der Caldereta zurückbringt. Hier stoßen wir auf den uns vom Hinweg bereits bekannten Camino, der uns erst zur Schotterpiste und dann zur LZ-67 zurückbringt.

Wanderung 3: Durch den Süden La Graciosas –
Traumstrände, Muschelfelder, Felsgerippe

> ❭ **Charakter:** Man läuft von einer Bade-
>   bucht zur nächsten und hat dabei die
>   hoch aufragenden Famara-Klippen vor
>   Augen. Der Rückweg erfolgt durch wüs-
>   tenhaftes Terrain, vorbei an der wilden
>   Lavaküste.
> ❭ **Ausgangs- und Endpunkt:**
>   Caleta del Sebo
> ❭ **Länge:** 10 km (Rundwanderung)
> ❭ **Dauer:** 3:45 Std.

> ❭ **Höhenunterschied:**
>   je 220 m im An- und Abstieg
> ❭ **Einkehr:** Bars und Restaurants in
>   Caleta del Sebo, dort gibt es auch
>   Pensionen und Apartments
> ❭ **Anfahrt:** mit dem Schiff ab Órzola
> ❭ **Hinweis:** Nötig sind festes Schuhwerk,
>   Sonnenschutz, Kopfbedeckung und
>   man sollte ausreichend Trinkwasser
>   mitnehmen.

Von der Anlegestelle in **Caleta del Sebo** folgen wir der Uferpromenade (Av. Virgen del Mar) südwestwärts, vorbei am kleinen Ortsstrand bis zu den letzten Häusern. Dort knickt die Küstenlinie westwärts ein: Vor uns liegt die **Playa del Salado** (15 Min.). Durch weich rieselnden Sand stapft man zum Westende der Bucht, folgt der Küste 1,5 km zur kleineren **Playa Francesa** und läuft quer über ein Kap zur 100 m langen **Playa de la Cocina** (1:30 Std.). Sie liegt am Fuß der Montaña Amarilla und ist die schöns-

☐ *Playa de la Francesa*

te der drei Badebuchten: Dank weit vorspringender Felsarme wirkt sie wie ein großer, türkisfarbener Natur-Pool.

Vom Strand kraxeln wir den „Gelben Berg" hinauf und wandern quer über eine wüstenhafte Ebene in Richtung Westküste. Nahe dem Meer stoßen wir auf einen quer verlaufenden Fahrweg, dem wir nach rechts folgen. Erst führt er parallel zur Küste, dann entfernt er sich von ihr und schwenkt am Sockel der Montaña del Mojón ostwärts ein. Wenig später mündet er in die Hauptpiste der Insel, auf der wir rechts nach 2 km **Caleta del Sebo** erreichen (3:45 Std.).

O4OIr Abb.: gs

Weitere Aktivitäten

Golf

Die Insel hat zwei 18-Loch-Anlagen bei Puerto del Carmen und Costa Teguise. Mit ihren Palmen und Rasenteppichen wirken die Plätze inmitten ockerfarbener Landschaft fast surreal. Die meisten Viersternehotels bieten ihren Gästen Greenfee-Ermäßigungen. Trainieren kann man auch im Sporthotel **Club La Santa** (s. S. 52), das über einen Golfübungsplatz mit Putting Green verfügt.

> **Lanzarote Golf** <126> Ctra. Puerto del Carmen-Tías, Tel. 928945090, www.lanzarotegolfresort.com
> **Costa Teguise Golf** <127> Av. Club de Golf s/n, Tel. 928590512, www.lanzarote-golf.com

Jogging und Nordic Walking

Jogging: Auf der in Puerto del Carmen startenden Promenade kann man 15 km bis Arrecife laufen. Und auch in Playa Blanca zählt die Meerespromenade satte 16 km.

Nordic Walking: Ein langer Parcours bietet sich in Puerto del Carmen längs der Strände Playa Grande, Playa de los Pocillos und Playa Matagorda an. Spaß macht auch der gut 4 km lange Strand in La Caleta de Famara.

Radfahren

Dank der vergleichsweise niedrigen Berge halten sich die Anstiege in Grenzen, die Entfernungen sind überschaubar und der Autoverkehr konzentriert sich auf wenige zentrale Straßen. Auf Lanzarote wurden zahlreiche **Radwege** angelegt, z. B. längs der Strecke Arrecife – Arrieta – Yé – Caleta de Famara – Yaiza – Playa Quemada – Arrecife. Auf Schildern ist die Schwierigkeit der Strecke angezeigt: grün = einfach, blau = mittelschwer, rot = schwer. Broschüren mit Infos zur benötigten Zeit, Wegbeschreibungen und Höhenprofilen

045lr Abb.: gs

sollten bei der örtlichen Touristeninformation vorrätig sein. In den Naturparks sind die Offroad-Pisten für Radfahrer gesperrt.

Radverleih gibt es in allen größeren Ferienorten, in La Santa und auf La Graciosa. Meist werden in den Verleihstationen auch geführte Touren angeboten.

Anbieter

Puerto del Carmen

❯ **Bike Rental** ‹128› Av. de las Playas, C.C. Marítimo, Local 25, Tel. 928510612, www.mountainbike-lanzarote.com, tgl. 10–17 Uhr, im Sommer So geschlossen. Im Obergeschoss des Einkaufszentrums Marítimo verleiht Eduard Renner gut gewartete City- und Mountainbikes.

❯ **Planet Bikes** ‹129› Av. de las Playas 75, C.C. Costa Mar, Mobiltel. 629525305, www.planet-bikes.de, So geschl. Im Bike-Center kann man neue und hochwertige Mountainbike- und Rennrad-Modelle mieten, ebenso Trekking-, City- und Kinderräder. Auf Wunsch wird das Rad zum Hotel gebracht.

Playa Blanca

■ **Bike Rental** ‹130› Punta Limones 11, Tel. 928519582, www.mountainbike-lanzarote.com, So geschl. Verleih von City- und Mountainbikes unweit des Fährhafens.

La Santa

❯ **Pro Bike La Santa** ‹131› Calle Encarnación 14, Tel. 928840103, www.pro bikelanzarote.com. Die Triathleten Steve und Maria Kalashnikoff betreiben einen Radverleih an der Hauptstraße.

Costa Teguise

■ **Olita Trek & Bike** ‹132› Av. Islas Canarias 12, C.C. Maretas (Local 1), Tel. 928592148, www.olita-treks.com. Geführte Wander- und Radtouren auf Tages- und Wochenbasis.

◁ *Bike-Stationen gibt's in allen Ferienorten*

Weitere Aktivitäten

La Graciosa

❯ **Alquiler de Bicicletas** <133> Av. Virgen del Mar s/n, Tel. 928842138, 10–13 Uhr und vor der Abfahrt der Fähre.

Reiten

Bei **Lanzarote a Caballo** erlebt man die Insel „auf dem Pferderücken": Kurse für Anfänger und Fortgeschrittene, Ausritte zu Vulkanbergen sowie Pony- und Kamelreiten. Auch im **Rancho Texas Park** 🕕 können Kinder auf Ponys reiten, beim **Echadero de los Camellos** 🕦 auf Kamelen eine Kurztour unternehmen.

❯ **Lanzarote a Caballo,** Carretera Arrecife – Yaiza Km. 17,2, Tel. 928830038, www.lanzaroteacaballo.com

Wellness

Alle neueren Hotels der gehobenen Kategorie verfügen über Wellness- bzw. Thalasso-Zentren mit finnischer sowie türkischer Sauna, Whirlpool, Hallenbad mit Hydromassagen, Kneippbecken und „Wechselbädern". Besonders gelungen sind die Spas der Hotels **Costa Calero** (s. S. 29) in Puerto Calero 🕗 und **Volcán Lanzarote** (s. S. 37) in Playa Blanca 🕙. Auch wer nicht im Hotel wohnt, kann die Anlagen gegen Gebühr benutzen.

Lanzarote erleben

Feste und Folklore

Es ist erstaunlich, wie viele Feste auf einer so kleinen Insel gefeiert werden. Jedes noch so kleine Dorf hat seine Schutzheiligen, denen es einmal im Jahr zu huldigen gilt. Dabei ist die religiöse Prozession nur der Auftakt zur ausgelassenen Fiesta: mit Salsa- und Samba-Rhythmen, viel Essen und Trinken. Vieles dreht sich um das Feuer und dessen Vertreibung durch die „Jungfrau der Vulkane".

Januar

> **1. Januar:** *Año Nuevo.* Die Inselbewohner versammeln sich auf dem Dorfplatz, vernaschen zu jedem Glockenschlag eine Weintraube und trinken Sekt. Anschließend gibt es ein Feuerwerk.
> **5./6. Januar:** *Cabalgata de los Reyes Magos.* Auf Kamelen am Vorabend des 6. Januar ziehen Balthasar, Melchior und Caspar, die **Heiligen Drei Könige** aus dem Morgenland, durch die Hauptstadt Arrecife und werfen Bonbons in die Menge. Das Fest ist hauptsächlich den Kindern gewidmet, die am folgenden Tag ihre Weihnachtsgeschenke bekommen.
> **Januar/Februar:** Im Rahmen des Internationalen Kanarischen Musikfestivals kommen renommierte Ensembles auf die Insel (www.festivaldecanarias.com).

Februar

> **Februar:** Wild geht es beim Karneval zu, der auf der Insel einst „Fiesta de Los Diabletes" hieß (Fest der Teufelchen). In den Gassen Teguises begegnet man den Teufeln bis zum heutigen Tag – wer sich ihnen in den Weg stellt, bekommt es mit ihren Hörnern zu tun. In der Hauptstadt präsentiert sich Karneval eher frivol: Viele Männer tragen überdimensionale (Plastik-)Brüste, genießen es, mit grellem Make-up und hochhackigen Schuhen für die Dauer einer Nacht Frau zu sein. Höhepunkt ist die „Beerdigung der Sardine": Eine überdimensionale Fischskulptur wird aufs Meer getrieben und entzündet. Die schwarz gewandete Trauergemeinde schreit sich ihren Schmerz aus dem Leib, denn nun ist – zumindest in der Hauptstadt – Entsagung angesagt (www.carnavalcanarias.com). Wer weiter feiern will, fährt nach Puerto del Carmen und Playa Blanca, Teguise und Haría, wo erst dann der Karneval startet.

März

> **Letzte Märzwoche:** *Fiesta de Nuestra Señora de la Encarnación.* Die Gemeinde Haría feiert ihre Schutzheilige.

April

> **April:** *Semana Santa.* **Ostern** im Fackelschein, mit Weihrauch und düsteren Trommelwirbeln – die Umzüge in Arrecife beschwören den Geist der Inquisition. Die Passion Christi wird auf der Hauptstraße nachgespielt, auch die Kreuzigung bleibt den Zuschauern nicht erspart. Offizielle Feiertage sind Gründonnerstag *(Jueves Santo),* Karfreitag *(Viernes Santo)* und Ostersonntag *(Domingo de Pascua),* nicht aber der Ostermontag.

Mai

> **3. Mai:** *Fiesta de la Cruz.* Am „Muttertag" wird in vielen kanarischen Gemeinden zugleich der „Tag des Kreuzes" gefeiert: besonders schön in Teguise, wo die Bewohner die in der Stadt aufgestellten Kreuze mit Blumen verzieren.
> **15. Mai:** *Fiesta de San Isidro Labrador.* Erntedankfest zu Ehren des Schutzheiligen der Landwirtschaft in Uga.
> **Ende Mai:** *Ironman Lanzarote Canarias Triathlon* (s. Extratipp Seite 93).

> **Mai oder Juni:** *Fiesta de Corpus Christi.* **Fronleichnam** wird prachtvoll in Szene gesetzt, vor allem die Hauptstadt und Haría lohnen dann einen Besuch. Der Kirchplatz von Arrecife wird schon am Vorabend mit einem bunten Teppich aus Blumen und gefärbtem Salz geschmückt, über den die Prozession hinwegschreitet.

Juni

> **13. Juni:** *Fiesta de San Antonio de Padua.* Der hl. *Antonius* wird gleich an mehreren Orten der Insel geehrt, besonders eindrucksvoll in Güime und Tías.

> **24. Juni:** *Fiesta de San Juan.* Bei der Sommersonnenwende werden in Haría, Puerto del Carmen, La Santa und Sóo große Feuer entzündet.

> **29. Juni:** *Fiesta de San Pedro.* Patronatsfest in Máguez und Mácher, der Prozession folgen sportliche Wettkämpfe.

Juli

> **1. Juli:** *Fiesta del Cristo de la Sed.* Fest des „dürstenden Christus" in Haría.

> **1.–7. Juli:** *Fiesta de San Marcial del Rubicón.* Ganz Femés steht Kopf zum **Fest des Inselpatrons.** Folklore-Gruppen spielen auf, Wein fließt in Strömen. Zum Abschluss gibts eine Prozession zu Ehren von San Marcial, dem ehemaligen Bischof von Limoges, den der normannische Konquistador Jean de Béthencourt zum Inselheiligen erkor.

> **Mitte Juli:** *Fiesta del Carmen.* Zu Ehren der **Schutzheiligen der Fischer** finden in den Hafenorten Arrecife, Playa Blanca und (meist zwei Wochen später) in Puerto del Carmen Schiffsprozessionen statt. Carmen wird mit großem Gefolge zum Hafen getragen, steigt in das schönste der Boote und lässt sich aufs Meer hinausfahren. Das Fest dauert mehrere Tage und endet mit einem Feuerwerk.

> **Mitte Juli:** *Fiesta de Santa Margarita.* Fest der Schutzheiligen von Guatiza.

> **2. Julihälfte:** *Fiesta de Santiago Apóstol.* Patronatsfest in Tahiche.

> **Juli–Oktober:** *Vela Latina.* An mehreren Wochenenden finden in Playa Blanca und Arrecife die Ausscheidungsrennen der traditionellen Bootsregatta statt.

⌐ *Tanz auf der Lavaasche*

Feiertage

1. Januar: Neujahr
6. Januar: Tag der Heiligen Drei Könige
1. Mai: Tag der Arbeit
30. Mai: Tag der kanarischen Autonomie
15. August: Mariä Himmelfahrt
12. Oktober: Tag der spanischsprachigen Welt
1. November: Allerheiligen
6. Dezember: Verfassungstag
8. Dezember: Mariä Empfängnis
25. Dezember: Weihnachen

Bewegliche Feiertage sind Gründonnerstag, Karfreitag und Fronleichnam. Jede Gemeinde kann darüber hinaus zwei lokale Feiertage für das Jahr festlegen. Den **aktuellen Festkalender** bekommt man bei der Touristeninformation.

August

> **5. August:** *Fiesta de Nuestra Señora de las Nieves.* Tausende von Lanzaroteños pilgern zur Wallfahrtskapelle nördlich von Los Valles.
> **2. So August:** *Fiesta de Nuestra Señora de la Peña.* Patronatsfest in Mozaga.
> **10.–25. August:** *Fiesta de San Ginés.* Das Fest zu Ehren des Schutzpatrons von Arrecife liefert einen guten Anlass für sieben Tage Spiel und Spaß.
> **15. August:** *Asunción de la Virgen.* Mariä Himmelfahrt ist auf allen kanarischen Inseln ein Feiertag.
> **16. August:** *Fiesta de San Roque.* Patronatsfest in Tinajo.
> **24. August:** *Fiesta de San Bartolomé.* Feierliche Prozession in San Bartolomé zu Ehren des Dorfpatrons.
> **30. August:** *Fiesta de Santa Rosa de Lima.* Rückkehrer aus dem „Gelobten Land" feiern die amerikanische Schutzheilige in Haría und Órzola.

> **Ende August:** *Fiesta del Sagrado Corazón de María.* In La Caleta de Famara dreht sich die Fiesta rund um das „heilige Marienherz".

September

> **Anfang September:** *Fiesta de la Virgen de los Remedios.* Großes Fest in Yaiza zu Ehren der „Barmherzigen Jungfrau" mit Kunst, Theater und Tanz.
> **8. September:** *Fiesta de Nuestra Señora del Pino.* Fest der „Kiefernjungfrau" in Punta de Mujeres.
> **8. September:** *Fiesta de Nuestra Señora de Guadalupe.* Patronatsfest in Teguise.
> **15. September:** *Fiesta de la Virgen de los Volcanes.* Ein Feiertag auf der ganzen Insel zu Ehren der „Jungfrau der Vulkane", die der Lava Einhalt gebot. In Mancha Blanca gibt es eine große Fiesta und eine noch größere Kunsthandwerksmesse.
> **25. September:** *Fiesta de Nuestra Señora de las Mercedes.* Patronatsfest in Mala.

Oktober

> **7. Oktober:** *Fiesta de la Virgen del Rosario.* Fest zu Ehren der Rosenkranzmadonna in Femés und Arrecife.

EXTRATIPP

Weihnachtskrippen

Auf dem kleinen Platz neben der Plaza de los Remedios in **Yaiza** wird zu Weihnachten (bis zum 6. Januar) eine fantastische Krippenlandschaft errichtet. Statt Bethlehem sieht man kanarisches Landleben: Kamele, Schafe und Ziegen, Frauen und Männer in Lanzarote-Tracht, Fischer, Bauern und Winzer bei der Arbeit – alles en miniature. Etwas bescheidener ist die Krippe in der Pfarrkirche Iglesia San Ginés in **Arrecife**.

050/r Abb.: gs

November/Dezember

› **November/Dezember:** *Festival de Zarzu-
ela.* Operettenfestival mit Aufführungen
in Tías und Arrecife.
› **4. Dezember:** *Fiesta de Santa Bárbara.* Patronatsfest in Máguez mit
großem kulturellen und sportlichen
Rahmenprogramm.
› **2. Sonntag im Dezember:** *Fiesta de
Santa Lucía.* Das Fest der in Syrakus für
ihren christlichen Glauben gestorbenen
Lucía wird in Mozaga gefeiert.
› **24./25. Dezember:** *Fiesta de la Navi-
dad.* **Weihnachten** auf Lanazrote: Tan-
nenbäume am Strand und Jingle-Bells-
Songs im Supermarkt. In Arrecife ebenso
wie in Teguise streifen Musikgruppen
durch die Straßen und spielen auf ihren
Gitarren alte kanarische und andalusi-
sche Melodien *(Rancho de Pascua).* Am
Heiligabend trifft sich die Familie zum
Festmahl, um anschließend zur Mitter-
nachtsmesse *(Misa del Gallo)* zu gehen.
In vielen Kirchen werden schöne Krippen
aufgestellt (s. Extratipp, Seite 104).
Jesu Christ Geburt wird am **25. Dezember** gefeiert, doch die Weihnachtsge-
schenke werden erst am 6. Januar, dem
Tag der Heiligen Drei Könige, verteilt!

Lanzarote kulinarisch

In den Hotels der Ferienorte gibt es
Essen meist in Büfettform. Kulinari-
sche Themenabende – von mediterran bis asiatisch – bringen nach ein
paar Tagen willkommene Abwechslung. Die traditionelle einheimische
Küche sieht anders aus, sie ist einfach und deftig, zubereitet mit Zutaten vom Archipel. Prinzipiell gilt:
An der Küste wird Fisch gegessen,
im Landesinnern Fleisch. Immer mit
von der Partie sind *papas arrugadas
con mojo,* Runzelkartoffeln mit pikanter Soße. Auch ein Teller mit einhei-
mischem Ziegenkäse darf bei keiner
Mahlzeit fehlen. Steht dagegen „kreative kanarische Küche" auf dem Programm, sind ungewöhnliche Kombi-
nationen zu erwarten.

In Restaurants sind 5–10 % Trink-
geld üblich, freilich nur, wenn man
mit der Bedienung wirklich zufrieden
war.

⌂ *Papas con mojo: Fehlt bei keinem
Mahl – „Runzelkartoffeln"
mit pikanter Soße*

Fisch aus saharischen Gewässern

Je nach Saison gibt es butterweichen Wrackbarsch *(cherne)* und Papageienfisch *(vieja)*, fettarmen Seehecht *(merluza)* oder kräftigen Thun *(atún, bonito)*, Sardinen *(sardinas)* und Makrelen *(carballas)*. Insgesamt werden hier mehr als 80 Fischarten angelandet, dazu kommen Kalamar und Tintenfisch sowie Meeresfrüchte wie Garnelen, Napfschnecken, Pfahlmuscheln und Langusten.

Vielfältig ist auch die Zubereitungsart: Fisch wird gedörrt und gekocht, gebacken und gegrillt, mariniert und im Salzmantel gebacken. Die häufigste Variante heißt *a la plancha:* auf heißem Blech gebraten und nur leicht gesalzen, damit der Eigengeschmack zur Geltung kommt.

Fleisch aus den Bergen: Zicklein und Ziege, Kaninchen und Lamm

V. a. am Wochenende, wenn sich die Ausflugslokale füllen, kommt **Fleisch** frisch auf den Tisch. Meist wird es *en adobo,* in einer würzigen Tunke gebeizt oder *al salmorejo* mariniert, wobei außer Knoblauch auch süßer und scharfer Paprika, Rosmarin und Thymian zum Einsatz kommen. Je nach Gusto wird das Fleisch anschließend gebraten, gegrillt oder gekocht.

Lanzarote saborea
Unter dem Namen „Lanzarote schmeckt" werden Original-Lebensmittel aus Lanzarote vermarktet, u. a. Süßkartoffeln *(batata)* und „archaische Kartoffeln" *(papas antiguas),* die den südamerikanischen Urkartoffeln ähneln, außerdem Linsen *(lentejas),* Schafs- und Ziegenkäse (www.saborealanzarote.org).

Preiskategorien Restaurants

Um dem Leser eine Vorstellung zu vermitteln, wie teuer die in diesem Buch vorgestellten Restaurants sind, wurden sie in drei Preisklassen unterteilt. Die Preise gelten für ein Hauptgericht mit Nachspeise und Getränk.

€	bis 15 Euro
€€	15–25 Euro
€€€	ab 25 Euro

Einfach und köstlich: die klassischen Beilagen

Zu jedem Mahl werden **papas arrugadas (Runzelkartöffelchen)** bestellt. Die runzelige Textur entsteht, indem die meist kleinen, schmackhaften Erdknollen ungeschält in stark salzhaltigem Wasser gekocht werden. Ist das Wasser verdunstet, haftet kristallisiertes Salz an ihrer Haut, lässt sie weiß und schrumpelig erscheinen. Die Kartöffelchen werden in **grüne oder rote Mojo-Soße** getunkt, je nachdem ob Fisch oder Fleisch gegessen wird. *Mojo verde,* die grüne Variante, besteht aus Knoblauch, frischem Koriander und Kreuzkümmel, die in einem Mörser zerstampft und mit Olivenöl sowie einem Schuss Essig angereichert werden. Noch pikanter ist *mojo rojo,* die rote Variante: Hier verzichtet man auf Koriander und stampft der Teufelstunke dafür Chili ein!

Salat ist nicht unbedingt ein Glanzpunkt der kanarischen Küche. Doch wenn man Glück hat, gesellen sich zu den kleinen aromatischen Fuerteventura-Tomaten Zwiebeln aus Lanzarote sowie Gurken und Avocados aus Gran Canaria.

Eintopf zum Sattwerden

Probieren sollte man auch die kanarischen **Eintöpfe**. Sie sind herzhaft und so sättigend, dass sie leicht eine ganze Mahlzeit ersetzen. *Potaje* ist ein Gemüseeintopf und besteht aus Kürbis, Süßkartoffel und Karotte. Das gehaltvollere Gegenstück heißt *puchero* und enthält zusätzlich mehrere Sorten Fleisch, darunter Paprikawurst, Schweinerippchen und Rind.

051lr Abb.: gs

Nachtisch – Mandelkuchen und Gofio-Eis

Von den Nachbarinseln kommen die **Mandeln** und die Rezepte: *Bienmesabe* (wörtl. „Es-schmeckt-mir-gut") ist ein Mandel-Honig-Mousse, die *Tarta de almendra* ein Mandelkuchen. Originell schmecken die mit Süßkartoffelpaste oder Kürbiskonfitüre gefüllten frittierten Teigtaschen (*truchas de batata* bzw. *cabello de ángel*).

Eine wichtige Dessert-Zutat ist das aus prähispanischer Zeit stammende **Gofio**: Mehl aus geröstetem Getreide, das kalorienarm, dafür reich an Mineralien und Ballaststoffen ist. Es wird zu Eis und Mousse verarbeitet.

◹ *Hochprämiert –*
Käse der Marke „Finca de Uga"

EXTRATIPP

Lokale mit guter Aussicht
Ob von der Promenade oder vom Strand, von der Bootsanlegestelle oder der Klippe – vielerorts genießen Sie Meerblick! Doch es gibt noch andere Panoramen: auf Feuerberge, Salinen und unterirdische Gewässer.
> **La Puntilla** (s. S. 18) in Arrecife
> **Mardeleva** (s. S. 27) und **Cofradía de Pescadores La Tiñosa** (s. S. 27) in Puerto del Carmen
> **Café La Ola** (s. S. 28) in Puerto del Carmen
> **Salmarina** (s. S. 31) in Playa Quemada
> **La Casa Roja** (s. S. 38) in Playa Blanca
> **Mirador de las Salinas** (s. S. 42)
> alle zur Meerseite gelegenen Lokale von **El Golfo** ㉗
> **El Chupadero** (s. S. 57) im Weintal
> **Villa Toledo** (s. S. 63) in Costa Teguise
> Das Café im **Mirador del Río** ㉛

> **El Risco** (s. S. 71) in La Caleta de Famara
> **Mesón de la Frontera** (s. S. 72) in Haría
> **Perla del Atlántico** (s. S. 76) in Órzola
> **Amanecer** (s. S. 80) in Arrieta
> **El Varadero** (s. S. 86) auf La Graciosa

Lecker vegetarisch
Auf der Insel gibt es kein einziges vegetarisches Restaurant, doch bieten einige, meist von Nicht-Spaniern geführte Lokale originelle Veggie-Gerichte.
> **Lilium** (s. S. 19) in Arrecife
> **Emmax** (s. S. 29) in Playa Honda
> **El Chupadero** (s. S. 57) im Weintal
> **Bodega Stratvs** (s. S. 58) im Weintal
> **LagOmar** (s. S. 65) in Nazaret
> **Amêndoa** (s. S. 53) in La Santa
> **Repikada** (s. S. 63) in Costa Teguise

Zum Hinunterspülen

Wein kommt aus dem Tal La Geria **42** oder vom spanischen Festland, **Bier** aus Teneriffa (Dorada) oder Gran Canaria (Tropical). Offenes Bier bestellt man als *caña* (kleines Bier) oder *jarra* (großes Bier), alkoholfreies Bier als *cerveza sin alcohol*. Gut sind auch die Mineralwasser von den großen Kanaren, z.B. Firgas und San Antón.

Kaffee-Finale

Auf jedes Essen folgt ein **Kaffee**. Wer einen Espresso möchte, fragt nach *café solo*. Ist ihm Milch beigemischt, spricht man von *cortado,* wobei sich der Kellner vielleicht danach erkundigt, ob man ihn *natural* (mit H-Milch) oder *con leche condensada* (Büchsenmilch) bevorzugt. Manchmal bestellen Kanarier auch *cortado largo* im großen Glas, der mehr Milch enthält als der normale Milchkaffee *café con leche.* Auch beliebt ist *carajillo*, ein kleiner Schwarzer mit einem Schuss Brandy.

▢ *Wie aus Tausendundeiner Nacht – Stoffe aus dem nahen Marokko (La Route de Caravanes in Yaiza)*

Was wo kaufen?

Einkaufszentren findet man in allen Ferienstädten. In den *Centros Comerciales* (abgekürzt C.C.) finden sich neben Läden, Souvenirshops und Boutiquen auch Lokale, Kneipen und Spielhallen. Großmärkte und Outlet-Stores, in denen v. a. Lanzaroteños shoppen, reihen sich an der Durchgangsstraße von Playa Honda **16**. Kleine geschmackvolle Einkaufspassagen bietet Teguise **48**.

Kunsthandwerk direkt vom Hersteller, Web- und Keramikarbeiten sowie aus Palmblättern geflochtene Hüte und Körbe bekommt man auf den Märkten sowie im Kunsthandwerkszentrum am Monumento al Campesino in Mozaga **40**. Entwürfe des „großen Meisters" César Manrique (s. S. 11) werden fleißig vermarktet, nicht nur in der nach ihm benannten Stiftung in Tahiche, sondern auch in „seinen" Läden in Teguise und Playa Blanca. Musikfreunde haben vielleicht Lust, eine *Timple* zu erstehen, ein kleines fünfsaitiges Musikinstrument **52**.

Kunst: Maler und Bildhauer fühlen sich von Lanzarote inspiriert und bieten ihre auf der Insel produzierten

052lr Abb.: gs

Werke in Galerien und Ateliers zum Verkaufen an (s. Exkurs „Kunst-Orte", Seite 116).

Kulinarisches: Die Palette ist klein, aber exquisit und „made in Lanzarote": Malvasier-Wein, dazu Ziegen- bzw. Schafskäse, der bei den World Cheese Awards regelmäßig Preise abräumt. Vielleicht auch ein Säcklein *Flor de Sal,* „Blütensalz" von den Sa-linas de Janubio ㉕? Wer's deftiger mag, kauft im Supermarkt eine Tüte *lentejas de Lanzarote,* Linsen von der Insel.

Kosmetik: Lanzarotes Klima ist ideal für den Anbau von Aloe Vera, woraus feuchtigkeitsspendende Cremes, Gels und Lotionen hergestellt werden (s. Exkurs „Allheilmittel Aloe Vera", Seite 80).

Lanzarotes Märkte

Für die Open-Air-Märkte wurden durchweg schöne Orte ausgesucht, sodass sich der Besuch auch jenseits des Einkaufsbummels lohnt. Auf kleineren Märkten *(mercadillos)* überwiegt regionales Kunsthandwerk, auf den größeren wird v. a. kommerzielle Massenware unter die Leute gebracht.

❯ **Freitag:** Da Einkaufen nach der Hitze des Tages mehr Spaß macht, startet der Mercadillo von **Costa Teguise** erst um 17 Uhr. Er findet im Pueblo Marinero statt, einem auf alt gemachten Platz mit Palmen und Pavillons. Alt-Hippies, Schwarzafrikaner und Einheimische verkaufen Kunsthandwerk, während sich ringsum Bars und Lokale füllen (bis 22 Uhr).

❯ **Samstag:** Wohnen Sie im Norden, haben Sie es nicht weit zum Mercadillo de los Artesanos in **Haría.** Auf diesem Kunsthandwerkermarkt, der 9–14 Uhr auf dem stimmungsvollen Hauptplatz stattfindet, wird ausschließlich auf der Insel Hergestelltes angeboten. Hier gibt es z. B. Produkte von Harías Bio-Finca: Käse, Joghurt und Seife aus Ziegenmilch. Zeitgleich findet in **Arrecife** ein Touristenmarkt vor der Pfarrkirche statt. Wer im Süden Urlaub macht, kann im Jachthafen Marina Rubicón von **Playa Blanca** schöne Angebote entdecken: Hier gibt es Panama-Hüte, handgeschöpfte Seifen, originelle Textilien, Holz- und Lederwaren (9–14 Uhr).

❯ **Sonntag:** Händler und Käufer strömen in die ehemalige Hauptstadt **Teguise.** Von allen Ferienorten werden Sonderbusse eingesetzt, Parkplätze sind hoffnungslos überfüllt. Das Warenangebot ist vielfältig, obgleich Kommerz und Kitsch überwiegen. Immerhin findet man in der Masse hin und wieder ein schönes Stück. Und natürlich macht es auch hier Spaß, von einem der Terrassencafés das Getümmel zu beobachten. Konkurrenz erhält der Markt durch einen Mercadillo im Alten Hafen von **Puerto del Carmen,** der von einem bunten Gastro- und Kulturprogramm begleitet wird (11–14 Uhr). In **Tinajo** und **Mancha Blanca** ist das zeitgleiche Angebot bescheiden, aber ehrlich: Hier gibt's Obst und Gemüse vom Erzeuger.

Olivin

An wilden Lavaküsten, so beim Krater El Golfo oder auch am Parkplatz von Los Hervidores sieht man Händler, die diesen **grünlich schimmernden Edelstein** anbieten. In seiner Naturform, eingehüllt in harte Lava, ist er ein authentisches Lanzarote-Mitbringsel. Wer auf der Insel Schmuck mit eingearbeitetem Olivin kauft, sollte aber wissen, dass dafür meist amerikanische Steine verwendet werden, die größer und deshalb weitaus leichter zu bearbeiten sind!

053lr Abb.: pdl

Natur erleben

Atlantischer Hotspot

Lanzarote ist nicht von Afrika abge-splittert, sondern aufgrund vulkani-scher Ausbrüche aus dem Atlantikbo-den emporgewachsen. Ein in 100 km Tiefe aktiver Magmaherd *(Hotspot)* hatte im Laufe von 20 bis 30 Millio-nen Jahren submarine Vulkane auf-gebaut, die schließlich über die Mee-resoberfläche hinauswuchsen. Dies geschah in großen zeitlichen Abstän-den, in denen die tektonische Platte über dem Magmaherd langsam nach Osten wanderte. So erklärt sich, dass die Kanarischen Inseln nacheinan-der entstanden, wobei ihr Alter von Ost nach West abnimmt. Fuerteven-tura, die östlichste Insel, ist mit gut 22 Mio. Jahren die älteste, Lanzarote, die nächstältere, erblickte vor 12 Mio. Jahren das Licht der Welt.

Der Hotspot allein kann freilich nicht erklären, warum es auch auf den älteren Kanaren immer wieder zu Vulkanausbrüchen kommt. So riss auf Lanzarote zuletzt 1730–36 und dann noch einmal 1824 die Erde auf, wodurch das Antlitz der Insel drama-tisch verändert wurde. Außer dem Vulkanismus haben die Kräfte der Erosion Lanzarote geprägt: Die Mee-resbrandung hat die Küsten „abra-siert", Regen und Wind haben im Lauf der Zeit die gebirgige Oberfläche geschliffen.

Bei einer Fahrt durch den National-park **31** der vor gut 250 Jahren ent-standenen **Feuerberge** erlebt man,

⌃ *Parque Nacional de Timanfaya* **31**

⌄ *Aeonium manriquorum –*
eine typische Sukkulenten-Pflanze,
benannt nach César Manrique

wie die Erdoberfläche nach Vulkanausbrüchen aussieht: Perfekt geformte Kegelberge und aufgerissene Krater, Ascheebenen und ausgeworfene „Bomben" bilden eine eindrucksvolle Landschaft. Wenige Kilometer entfernt kann im **Besucherzentrum Mancha Blanca** ❸❹ das Gesehene theoretisch vertieft werden. Das Zentrum organisiert auch Gratis-Wanderungen durch den Nationalpark, die mit der Schönheit der Vulkane vertraut machen. Wer sich auf eigene Faust einen Eindruck verschaffen will, ersteigt die Caldera Blanca (s. Wanderung 2, Seite 96) oder läuft längs der Klippenküste (s. Extratipp, Küstenwanderung zur Playa de la Madera, Seite 52). Wie eine Lavaröhre von innen aussieht, erlebt man in der **Cueva de los Verdes** ❻❺. Noch mehr Einblicke in Vulkanismus erhält man in der an das Jameo del Agua angeschlossenen **Casa de los Volcanes** (s. S. 78): Hier wird der Vulkanismus unter die Lupe genommen; Seismographen zeichnen die Erdbewegungen der Kanaren auf.

Lanzarotes Landschaften

Die Insel wird von drei Gebirgen durchzogen. Im Norden erhebt sich das bis zu 671 m hohe **Famara-Massiv**, das jäh zur Meerenge von El Río abstürzt und in nicht minder steilen Klippen zur Westküste abfällt. Die Wanderung von Las Rositas zur Playa del Risco und zurück (s. S. 95) macht mit dieser großartigen Landschaft vertraut. Nach Osten präsentiert sich das Gebirge weniger schroff; in weiten, weich modellierten Kerbtälern erstreckt es sich zum Meer.

Die **Sandwüste El Jable** trennt das Famara-Massiv von den etwas niedrigeren, erst im 18. Jahrhundert entstandenen Feuerbergen, die als Nationalpark unter Naturschutz stehen. Ostwärts folgt das langgestreckte, von Asche bedeckte **Tal La Geria**; eine Reihe einzelstehender Vulkane trennt es von der leicht geneigten Küstenebene um Puerto del Carmen.

Das geologisch älteste Gebirge **Los Ajaches** (608 m) liegt im Süden der Insel. Die Kräfte der Erosion haben solch breite Täler ins Gestein gefräst, dass von der einst weiten Hochebene nur ein schmaler Grat übriggeblieben ist. An das Gebirge schließt sich im Westen die **Rubicón-Ebene** an, aus deren ausgedörrter Erde der rötliche Kegel der Montaña Roja ragt.

(Über-)Lebenskünstler: Pflanzen und Tiere

Nur wenige Pflanzen können sich in der Halbwüste behaupten. Auf der jungen Lava der Feuerberge entstanden 180 (!) Arten von **Flechten**. Wie eine dünne Haut überziehen sie blanken Fels, schimmern weiß, blassgrün und orange. So unscheinbar sie auch anmuten, so wichtig sind sie für die Ökologie der Insel. Denn durch ihre Existenz wird die Oberfläche der Lava allmählich zu fruchtbarer Erde zersetzt und der Boden für höhere Pflanzen bereitet.

054lr Abb.: gs

Natur erleben

Wo dies bereits geschehen ist, etwa auf den mehrere tausend Jahre alten *Islotes,* die keilartig aus der frisch erstarrten Lava aufragen, wachsen **Sukkulenten** (lat. *succus* = Saft), die sich – ähnlich wie Kakteen – mithilfe gepanzerter Blätter vor Austrocknung schützen. Ihre Wurzeln haben sich so weit verlängert, dass tief verborgene Nährstoffe angezapft werden. Eine typische Sukkulenten-Pflanze ist die *Euphorbia canariensis,* deren Blätter, dick wie Männerarme, säulenartig in die Höhe wachsen. Nur mit einem scharfen Messer lässt sich die Haut einritzen; der heraustretende weiße Saft ist stark ätzend. Eine Sukkulenten-Pflanze ist auch die importierte **Aloe Vera:** In Las Pardelas **63** z. B. können Sie eine Anpflanzung besuchen und sehen, wie ihr Fruchtfleisch zu Kosmetika verarbeitet wird. Eine Hommage an **Kakteen** aus aller Welt ist der von Manrique entworfene **Jardín de Cactus 70** in Guatiza.

Nur im Inselnorden, wo die aus Nordost heranwehenden und sich am Famara-Massiv stauenden Passatwolken für Feuchtigkeit sorgen, herrscht eine größere Pflanzenvielfalt. **Kanarische Dattelpalmen** *(Phoenix canariensis)* wachsen im Tal von Haría **59**, Endemiten, d. h. Pflanzen, die nur auf den Kanaren beheimatet sind, findet man an den steilen, schwer zugänglichen Klippen der Riscos de Famara. Mehr als ein Dutzend **Farnarten**, die sonst nur im Lorbeerwald der niederschlagsreichen Westinseln vorkommen, erinnern daran, dass das Gebirge einmal bewaldet war. Vereinzelt sieht man noch den **makaronesischen Ölbaum** *(Olea europaea)* und die **Kanarische Kiefer** *(Pino canariensis)*.

Noch eintöniger als die Flora präsentiert sich die Fauna. Mit Ausnahme der Fledermaus gelangten ursprünglich alle **Säugetiere** im Gepäck der Menschen auf die Insel. Ziege, Schaf und Schwein kamen zusammen mit den berberischen Ureinwohnern aus Afrika. Später holten die spanischen Konquistadoren Kamel und Dromedar vom schwarzen Kontinent (s. S. 48). Zur Befriedigung ihrer Jagdlust importierten die adeligen Inselbesitzer Kaninchen, die sich zwar rasch vermehrten, zugleich aber auch das ohnehin karge Acker- und Weideland ramponierten. Bis heute heißen die Lanzaroteños *Conejeros,* was so viel heißt wie „die von der Karnickelinsel".

Vögel kommen unabhängig vom Menschen auf die Insel. Auf ihrem Weg gen Süden legen Zugvögel auf Lanzarote gern einen Zwischenstopp ein, einige kommen auch, um zu brüten. Der seltene Eleonorenfalke nistet in den unzugänglichen Felsspalten der Riscos de Famara, Wanderfalke

055lr Abb.: gs

◁ *Exotischer Garten*

und Fischadler bevölkern die Wasserbecken der Salinas de Janubio **25**. Zu den Dauerbewohnern zählen die Silbermöwe und der Sturmtaucher; auf den Lanzarote vorgelagerten naturgeschützten Inseln Alegranza und Montaña Clara siedeln Kolonien des Gelbschnabelsturmtauchers.

Was **Reptilien** betrifft, kann Lanzarote mit einem Endemiten aufwarten. Die Eidechsenart *Gallotia atlantica,* im Volksmund *Lagarto de Haría* genannt, kommt v. a. im Inselnorden vor. Eng mit ihr verwandt ist der kleine, fast transparente Gecko *(Tarentola angustimentalis),* der sich mit seinen Saugpfoten stundenlang an die Zimmerdecke haftet und alle Gesetze der Schwerkraft verhöhnt. In der unterirdischen Lagune von Jameos del Agua **66** hat sich der winzige *Albinokrebs* eingenistet, dessen Sehorgane in der Dunkelheit der Höhle verkümmerten. Das Tier, das sonst nur in mehreren Tausend Meter Meerestiefe lebt, wurde vermutlich bei einem unterseeischen Vukanausbruch in die Lagune gespült.

Wasserkultur

Wasser ist auf Lanzarote ein kostbares Gut. Auf der Halbwüsteninsel gibt es kaum Grundwasser, Flüsse sind ein Fremdwort. Noch in den 1950er-Jahren war es üblich, in der Viehtränke ein Bad zu nehmen, bevor die Tiere darin ihren Durst stillen konnten. Wer kein Wasser hatte, konnte nichts anbauen und litt Hunger, denn eine andere Erwerbsquelle als Landwirtschaft gab es nicht. Immer wieder zwangen Dürren ganze Familien in die Emigration.

Das Wasser der Lanzaroteños kam – selten genug – vom Himmel. Um Regen aufzufangen, besaß jedes Haus

eine Zisterne, einen **aljibe**. Die Flachdächer, Innenhöfe und Terrassen des Hauses waren mit weißer Farbe versiegelt und leicht geneigt, damit das kostbare Nass leichter abfließen und sich in der Zisterne sammeln konnte. Das gleiche Prinzip kam bei der **mareta** zur Anwendung, einem großen gekalkten Dorfplatz, über den Regenwasser in die Kollektiv-Zisterne floss. Ein gutes Beispiel ist noch heute der Platz La Mareta in Teguise. Für ein Glas frischen Wassers hatte man im Haus eine **pila**, einen farnumrankten, in einem Holzgehäuse hängenden Filterstein: Das Wasser sickerte durchs poröse Gestein in eine Tontasse, wobei es sich abkühlte. Im Museo del Timple **52** von Teguise können Sie mehrere schöne *pilas* sehen.

Die erste **Meerwasserentsalzungsanlage** (1964) revolutionierte das Leben auf der Insel – zum ersten Mal in der Geschichte hatten die Lanzaroteños so viel Wasser, wie sie brauchten. Das aus dem Hahn strömende Wasser wurde als Wunder gefeiert – niemand mehr musste wegen Wassermangels die Insel verlassen! Und ebenso wichtig: Außer Landwirtschaft konnte jetzt ein neuer, profitablerer Wirtschaftszweig entstehen: der Tourismus. Die erste Meerwasserentsalzungsanlage funktionierte nach dem Verdampfungsprinzip, d. h., das Meerwasser wurde energie-, also kostenintensiv erhitzt, damit sich das Salz absetze und das Wasser verdampfe. Anschließend wurde der Dampf kondensiert, d. h. zu Süßwasser verflüssigt. Heute wird das umweltfreundlichere Osmose-Verfahren verwendet. Das Meerwasser wird durch mehrere Schichten einer Membran gepresst, die wie ein Filter wirkt: Sie lässt nur Wassermoleküle durch, das Salz (Natriumchlorid) hält sie zurück.

Whalewatching

Wissenschaftler der US-Stiftung Ocean Alive staunten nicht schlecht, als sie in kanarischen Gewässern an einem einzigen Tag acht verschiedene Walarten sahen. Nur an wenigen Orten der Welt, berichteten sie, gäbe es eine ähnlich große Vielfalt. Gesichtet wurden u. a. Blau-, Finn-, Buckel-, Sei- und Pottwale, dazu Orcas und Tümmler sowie kleinere Zahnwale, die man Delfine nennt. Vidal Martín, Chef der „Gesellschaft zur Erforschung der kanarischen Meeressäuger" und Direktor des Walmuseums in Puerto Calero, hat mittlerweile 27 Arten (von weltweit 79) gesichtet. Obwohl Wale Nomaden sind, die auf der Suche nach Nahrung die Ozeane der Welt durchpflügen, sind viele Wale in kanarischen Gewässern "sesshaft" geworden. Denn just hier, wo warmes Wasser auf kalte Meeresströmungen stößt, werden die tiefer gelegenen, nährstoffreichen Atlantikschichten nach oben geschleust. Und mit dem Tiefenwasser kommen die großen Tintenfische, Lieblingsnahrung der Wale, an die Oberfläche, wo sie sich leichter jagen lassen: Ein Grindwal benötigt 50–60 kg, ein ausgewachsener Pottwal 500–1000 kg Nahrung pro Tag! Öfters tauchen die Tiere auf, um Luft zu holen, und pusten durch ihr Blasloch Wasserfontänen nach oben. Da sie neugierig sind, lassen sie sich auch mal „einfach so" blicken. Die kleineren von ihnen springen über die Wellen und drehen Pirouetten, die größeren schlagen das Wasser mit der Fluke, ihrer Schwanzflosse. Manchmal stoßen sie dabei glucksende und seufzende Laute aus.

Von den Anfängen bis zur Gegenwart

5. Jh. v. Chr. bis 14. Jh. n. Chr.: Die Ureinwohner

Berber aus Nordwestafrika besiedeln die unbewohnten Inseln. Bis heute weiß man nicht, ob sie vor der Ausdehnung der Sahara geflohen sind oder römische Zwangsdeportierte waren. Auf der Insel leben sie in einer hierarchischen Gesellschaft, in der eine „adelige" Minderheit mit einem auserwählten Herrscher an der Spitze die Bevölkerungsmehrheit regiert. Die Insulaner nennen sich **Mahohs**, was so viel heißt wie „denen das Land gehört". Die Ureinwohner halten Ziegen und bauen Gerste an, aus der Gofio-Mehl hergestellt wird. Obwohl sie auf einer Insel und in Sichtweite anderer Inseln leben, scheinen sie keine Boote zu benutzen. An der Küste sammeln sie Muscheln und fangen Fische mit der bloßen Hand. Ihre Sprache überdauert in Ortsbezeichnungen, die fast alle mit dem Buchstaben T beginnen: Teguise, Teneza und Tao; auch der ursprüngliche Inselname **Titeroygatra** („die farbigen Berge") leitet sich aus dem Berberischen ab.

14. bis 16. Jh.: Konquista und Kolonisation

Im Zug der europäischen Expansion werden die Inseln von Seefahrern entdeckt und auf Karten verortet. Nach dem genuesischen Seemann Lanzarotus Marocelus (1336) erhält die Insel Lanzarote ihren bis heute gültigen Namen. Die Bewohner werden als „gottlose Wilde" definiert, was den Vorteil hat, dass man gegen sie einen Kreuzzug führen darf. Sie werden geraubt, versklavt und 1402 im Namen der kastilischen Krone durch Söldner des (Normannen) Jean de Béthencourt unterworfen. Der Insel wird das christlich-feudale Herrschaftsmodell übergestülpt: Fortan gehört sie einem allmächtigen Adelsclan, der nach Belieben über seine Untertanen herrscht und sich einen Großteil ihrer Arbeitserträge aneignet. Als „Zubrot" dienen Sklavenraubzüge nach Afrika. Europäische Siedler bevorzugen die direkt der spanischen Krone unterstellten Nachbarinseln Gran Canaria, Teneriffa und La Palma.

Bis 1837: Adelige Privatdomäne

Lanzarote ist immer wieder das Angriffsziel von Piraten: Erst starten Afrikaner Vergeltungsschläge, ab dem 17. Jh. ziehen Korsaren rivalisierender Kolonialmächte (Holland, Großbritannien, Frankreich) plündernd über die Insel. 1730–36 erlebt Lanzarote **gewaltige Vulkanausbrüche**, die sich 1824 wiederholen: Elf Dörfer und 200 km^2 Anbaufläche werden unter Lava begraben. Der Inselherrscher, der einen Exodus seiner Arbeitskäfte befürchtet, erwirkt beim spanischen König, dass das Verlassen der Insel unter Todesstrafe gestellt wird. Erst 1837, mit der Abschaffung der Feudalherrschaft in ganz Spanien, wird auf Lanzarote die Adelsherrschaft gebrochen.

1837 bis 1936: Zaghafte Modernisierung

Die Bewohner bauen Opuntienkakteen an, auf denen sie Koschenille-Läuse zwecks Karmingewinnung züchten. Mit dem Export des Farbstoffs suchen sie Anschluss an internationale Warenströme.

1936 bis 1975: Franco-Diktatur

Der nach Teneriffa strafversetzte General Franco unternimmt am 18. Juli 1936 einen Staatsstreich gegen die demokratisch gewählte linksliberale Regierung in Madrid. Mit ihm loyalen Truppen aus den spanischen Kolonien Nordwestafrikas marschiert er auf der Iberischen Halbinsel ein und provoziert einen dreijährigen Bürgerkrieg, auf den 36 Jahre Diktatur folgen: Per Dekret herrschen Großgrundbesitz und Militär, unterstützt von der katholischen Kirche. Außenpolitisch isoliert und wirtschaftlich am Rand des Staatsbankrotts, öffnet Franco Spanien für ausländische Investoren und kurbelt den Tourismus an.

1975 bis 2013: Anschluss an die Erste Welt

Nach Francos Tod (1975) werden die Weichen für Spaniens Eingliederung in die westlichen Bündnissysteme gestellt: Das Land wird zur konstitutionellen Monarchie, tritt 1986 der EG (später EU) und der NATO bei. Die Kanaren als „ultraperiphere Region" erhalten großzügige EU-Fördergelder für den Ausbau der Infrastruktur, Lanzarote bekommt u. a. Meerwasserentsalzungsanlagen, gute Straßen und einen verbesserten Flughafen. Die Zahl der Einwohner steigt, die meisten kommen vom spanischen Festland und aus Südamerika. Ab 2008 führt die globale Finanz- und Wirtschaftskrise zum nahezu kompletten Baustop, Die Arbeitslosenzahl steigt auf über 30 %. In den Jahren 2012 und 2013 mehren sich die Proteste gegen die vor der Küste geplanten Rohölbohrungen der Firma Repsol.

Kunst-Orte

Für eine so kleine Insel wie Lanzarote gibt es erstaunlich viele Galerien. Allen voran das **Castillo de San José** 🟢 *in Arrecife und die* **Fundación César Manrique** 🟠 *in Tahíche beide zeigen klassische Avantgardisten von Picasso bis Miró. Viele Künstler fühlen sich von dem gleißenden Licht, den intensiven Farben und der asketischen Landschaft Lanzarotes angezogen. Und sie stellen ihre Werke an Orten aus, die aufgrund der Architektur per se den Besuch lohnen, z. B. im Kloster* **Convento de Santo Domingo** 🟠 *in Teguise und die* **Galería El Aljibe** *in einer ehemaligen Zisterne in Haría (s. S. 72). In der ehemaligen Dorfschmiede von Yaiza öffnet die private* **Galería Yaiza** *ihre Türen, nahebei befindet sich in einem Gutshof die* **Casa de la Cultura** *(s. S. 44).*

Spaß macht es auch, **Künstler im Atelier aufzusuchen.** *So erhält man Einblick in das Ambiente, in dem die Werke entstehen. Den wohl witzigsten Kunstort der Kanaren entdecken Sie in Las Breñas (zwischen Femés und Playa Blanca).* **Dieter Noss,** *als Grafiker bei Spiegel und Stern groß geworden, hat sein Ferienhaus auf Lanzarote in ein begehbares Kunstwerk verwandelt. Sie können es nicht übersehen: Skurrile Skulpturen, aus Schrott mit Witz zusammenmontiert, stehen im Garten – gleich an der Einfahrt warnt ein Schild „Achtung Kunst". Das Tolle ist, dass Sie nicht nur im Garten herumstreifen, sondern auch das Haus betreten können – die Tür steht offen (vorerst wenigstens …)!*

Mit einer kuriosen Installation macht auch **Arte Cerámica** *in Teseguite auf sich aufmerksam. Stefan Schulz stellt Ton-Skulpturen aus, Anneliese Guttenberger produziert luftig-schwebende Aquarelle (an der LZ-404, Av. Acorán 43–45, Tel. 928845650, www.aguttenberger.com, Mo–Fr 11–17 Uhr). Und wenn er auf der Insel ist, lässt* **Christian Honerkamp** *Gäste jeweils sonntags in sein Atelier in Tinguatón. Gern arbeitet der Diplom-Designer Dreidimensionales, u. a. Blattgold und Lavagrus, in seine Landschaftsbilder ein (Tinguatón bei Tinajo, Tel. 928840958, www.christianhonerkamp.com, So 14–20 Uhr). In andere Welten kann man im sonnigen Süden von Uga eintauchen: Mit ihren pausbäckigen Gestalten, den fliegenden Häusern und bunt-verfremdeten Alltagsgegenständen katapultieren die Bilder von* **Pedro Tayó** *in heiter-poetische Kinderträume (Uga, Los Arenales 2).*

058lr Abb.: gs

🔼 *Pedro Tayó in seinem Atelier*

Praktische Reisetipps

059ir Abb.: gs

An- und Rückreise

Lanzarote wird von allen großen Städten Deutschlands, Österreichs und der Schweiz angeflogen. Die meisten Flüge bieten RyanAir und AirBerlin, TuiFly und Condor.

Der **Flughafen** der Insel befindet sich an der Ostküste, wenige Kilometer südlich der Hauptstadt Arrecife. Pauschalurlauber werden per Bus zur gebuchten Unterkunft gebracht, Individualurlauber kümmern sich um den Transfer selbst. In der Ankunftshalle befinden sich neben der **Touristeninformation** (tgl. 8–20 Uhr) mehrere **Autovermietungen**, vor dem Ausgang warten **Taxis**, auch die **Linienbusse** Richtung Arrecife und Puerto del Carmen fahren hier ab. Infos zum Busfahrplan erhält man im Internet: www.intercitybuslanzarote.es.

> www.ryanair.com
> www.airberlin.com
> www.tuifly.com
> www.condor.com

Autofahren

Leihwagen sind günstig, man bekommt sie am Flughafen, in der Hauptstadt und in allen Ferienzentren. Wer ein Auto mieten will, muss mindestens 21 Jahre alt und schon ein Jahr im Besitz eines gültigen Führerscheins sein. Personalausweis und nationaler Führerschein sind bei Abschluss des Mietvertrages vorzulegen. Bevor man den Vertrag unterschreibt, sollte man das Fahrzeug **gründlich** in Bezug auf Reifenprofil sowie Lenkung, Bremse und Kupplung **prüfen**. Auch sollte man nachschauen, ob Seitenspiegel und Scheibenwischer in Ordnung sind und ob sich ein Ersatzreifen sowie zwei

◁ *Feuerprobe an der Erdoberfläche*

▽ *Perfekte Straßen in der Lavawüste*

O6Olr Abb.: pdl

Warndreiecke im Gepäckraum befinden. Im Vertrag ist zu vermerken, wie voll der Tank bei Rückgabe des Fahrzeugs zu sein hat (sollte identisch sein mit dem aktuellen Stand der Tankanzeige).

Ein **Preisvergleich** zwischen den örtlichen Anbietern lohnt. Viele Verleihfirmen locken mit solidem Grundpreis, überraschen den Kunden dann jedoch mit unangenehm hohen Steuer- und Versicherungskosten. Rabatt wird ab drei Tagen gewährt, noch preiswerter sind Autos auf Wochenbasis. Der günstigste lokale Anbieter ist **Cabrera Medina,** der die Insel mit einem dichten Filialnetz überzogen hat.

❭ **Cabrera Medina,** Reservierung Tel. 928511126, www.cabreramedina.com

Tankstellen

Tankstellen öffnen zwischen 7 und 9 Uhr und schließen zwischen 20 und 22 Uhr; an Sonn- und Feiertagen haben sie bis auf wenige Ausnahmen geschlossen.

Verkehrsregeln

In Spanien werden Verkehrsverstöße mit hohen Geldstrafen geahndet; wer zu viel Alkohol im Blut hat, muss gar mit dem Entzug des Führerscheins rechnen.

❭ **Höchstgeschwindigkeit:** innerhalb geschlossener Ortschaften 50 km/h (mindestens 25 km/h), auf Überlandstraßen 90 km/h (mindestens 45 km/h), auf Straßen mit mehr als einer Fahrspur in jeder Richtung 100 km/h (mindestens 50 km/h)

❭ **Park- bzw. absolutes Halteverbot:** gelbe bzw. rote Kennzeichnung am Bordstein

❭ **Gebührenpflichtiges Parken** (Automat): blaue Markierung am Bordstein

❭ **Überholverbot:** 100 m vor Kuppen und auf Straßen, die nicht mindestens 200 m zu überblicken sind

❭ **Anschnallpflicht:** Gilt innerhalb und außerhalb geschlossener Ortschaften; für Kinder unter drei Jahren sind Kindersitze vorgeschrieben; Kinder über drei Jahre sollten, sofern sie keine 1,50 m groß sind, auf einer Rückhaltevorrichtung sitzen.

❭ **Alkoholgrenze:** 0,5 Promille

❭ **Telefonieren:** nur mit Freisprechanlage

❭ **Tanken:** Handy, Autoradio und Motor müssen ausgestellt sein

❭ **Abschleppen:** ist privat nicht erlaubt, nur von Unternehmen mit Lizenz *(grúa)*

❭ **Warndreieck/Westenpflicht:** Im Falle einer Panne oder eines Unfalls sind vor und hinter dem Fahrzeug Warndreiecke aufzustellen; der Fahrer verlässt das Fahrzeug mit reflektierender gelber oder orangener Warnweste (Euronorm EN 471).

Unfall

Nach einem Unfall ist die Verleihfirma zu verständigen. Wurde eine Person verletzt, sollte die Polizei (Guardia Civil) gerufen werden. Über die **Notrufnummer 112** erreicht man die Zentrale für alle Notfälle (auch deutschsprachig). Über Computer wird der Standort des Anrufers verortet und der nächste Notarzt- bzw. Polizeiwagen verständigt.

Es empfiehlt sich, die Kfz-Nummern der Beteiligten sowie deren Namen, Anschrift und Versicherung aufzuschreiben. Leider hört man bei Unfällen immer häufiger, dass Ausländer im Nachteil sind, auch wenn sie keine Schuld tragen. Heimische Automobilklubs geben ihren Mitgliedern Rat in solchen Notsituationen. Hier die **Notrufnummern** der wichtigsten Automobilklubs:

> **ADAC,** Tel. 0049 89 222222,
> www.adac.de
> **ÖAMTC,** Tel. 0043 1 2512000,
> www.oeamtc.at
> **TCS,** Tel. 0041 22 4172220,
> www.tcs.ch

Barrierefreies Reisen

Aktuelle Infos bekommt man bei der **Bundesarbeitsgemeinschaft des Klubs Behinderter und ihrer Freunde e. V.** in Mainz (Tel. 06131 225514). Der Verein hat eine Broschüre herausgegeben, in der alle Reiseveranstalter aufgelistet sind, die Angebote für behinderte Reisende haben. Meist sind nur in den neueren Hotelanlagen alle Räume über Rampen oder Aufzüge erreichbar, Zimmer mit rollstuhlbreiten Türen und besonders geräumigen Bädern sind weiterhin Mangelware.

Diplomatische Vertretungen

> **Deutscher Honorarkonsul,**
> Dr. Mager, Calle Varadero s/n,
> Playa Blanca, Tel. 928519231
> **Deutsches Konsulat,**
> Calle Albareda 3-2°,
> Las Palmas de Gran Canaria,
> Tel. 928491880,
> www.las-palmas.diplo.de,
> Mo–Fr 9–12 Uhr
> **Österreichisches Konsulat,**
> Hotel Eugenia Victoria,
> Av. Gran Canaria 26, Playa del Inglés,
> Tel. 928762500, Mo–Fr 10–12 Uhr
> **Schweizerische Botschaft,**
> Calle Núñez de Balboa 35, 28001 Madrid, Tel. 914363960, www.eda.admin.ch/madrid, Mo–Fr 9–13 Uhr

Geldfragen

Zwei Personen zahlen für ein Doppelzimmer in einer **Pension** 30–40, im **Hotel** 60–180, im **Landhaus** ab 70 €. Die Preise im **Supermarkt** entsprechen in etwa denen in Deutschland, nur Tabak, Zigaretten und Benzin sind deutlich billiger. Zwei **Liegestühle** mit Schirm kosten 12 €, geführte **Wanderungen** 25–40 €. Ein **Fahrrad** bekommt man ab 10 € pro Tag.

Preise für **Verkehrsmittel:**
> Linienbus Flughafen – Puerto del Carmen: 2 €
> Taxi Flughafen – Puerto del Carmen: 16 €
> Taxi Flughafen – Playa Blanca: 42–45 €
> Taxi Flughafen – Costa Teguise: 25 €
> Mietauto pro Tag: ab 25 €
> Super-Benzin 1 l: etwa 1,20 €

Informationsquellen

Infostellen zu Hause

> Spanisches Fremdenverkehrsamt,
> Lietzenburger Str. 99, 6. OG,
> 10707 Berlin, Tel. 030 8826543,
> Fax 8826661, berlin@tourspain.es
> Spanisches Fremdenverkehrsamt,
> Grafenberger Allee 100, Kutscherhaus,
> 40237 Düsseldorf, Tel. 0211 6803981,
> Fax 6803985, duesseldorf@tourspain.es
> Spanisches Fremdenverkehrsamt,
> Myliusstr. 14, 60323 Frankfurt,
> Tel. 069 725038, Fax 725313,
> frankfurt@tourspain.es
> Spanisches Fremdenverkehrsamt,
> Postfach 151940, 80051 München,
> Tel. 089 5307460, Fax 53074620,
> munich@tourspain.es
> Spanisches Fremdenverkehrsamt,
> Walfischgasse 8, 1010 Wien,
> Tel. 01 5129580, Fax 5129581,
> viena@tourspain.es

Lanzarote preiswert

Kostenlos ist der Eintritt im Besucherzentrum von Mancha Blanca 🔟, *das auch Gratis-Wanderungen im Nationalpark organisiert. Nichts kostet auch der Eintritt in private Galerien und Ateliers, auch die „Casas de Cultura" (Kulturhäuser, fast immer mit Internet) sind frei. Kostenlos ist der Besuch in den sogenannten Aloe-Vera-Museen (s. S. 80), die zum Kauf von Kosmetika animieren. In den offiziellen Museen zahlen Kinder von 3 bis 12 Jahren meist nur die Hälfte. Rabatt erhalten oft auch Studenten sowie Senioren ab 60 bzw. 65 Jahren.*

César Manriques Landschaftskunstwerke sind sehenswert, doch der Eintritt ist happig. Der Preis lässt sich drücken, indem man einen „bono", eine Vierer- bzw. Sechserkarte kauft (Ersparnis pro Sehenswürdigkeit ca. 2–3 €).

Beim Essen reißt das dreigängige menú del día, das meist ein Getränk einschließt, kein Loch ins Portemonnaie (8–14 €).

Besonders günstig isst man während des Sonntagsmarkts im Hafen von Puerto del Carmen: Für einen 5-Euro-Gutschein, der z. B. im Restaurant Cofradía de Pescadores erhältlich ist, kann man an Gastro-Ständen mehrere Tapas probieren. Preiswert sind auch die Weinproben auf der Bodega-Straße, wo ein Gläschen 1–2 € kostet. Oder man macht ein Picknick am Strand – mit Zutaten, die man in kleinen Läden oder im Supermarkt kauft – mit dem auf Lanzarote vergleichsweise günstigen Mietwagen gelangen Sie zu den schönsten Orten! Glücklicherweise gibt es auf der Insel keine Kurtaxe, alle Strände sind frei zugänglich. Und auch die im Buch vorgestellten Wanderungen kosten nichts und bieten spektakuläre Landschaftseindrücke!

❯ **Spanisches Fremdenverkehrsamt,** Seefeldstr. 19, 8008 Zürich, Tel. 01 2536050, Fax 01 2526204, zurich@ tourspain.es

Infostellen auf der Insel

Auf Lanzarote erhält man aktuelle Broschüren beim Fremdenverkehrsamt in Arrecife ❶. Weitere Informationsbüros gibt es in Playa Blanca, Puerto del Carmen, Teguise und Costa Teguise. Die Adressen finden sich beim jeweiligen Ort.

Lanzarote im Internet

❯ **www.turismolanzarote.com:** Homepage des Patronato de Turismo mit Infos zu Sehenswürdigkeiten, Sport und Kultur, ausgewählten Unterkünften und Restaurants.

❯ **www.lanzarote37.de:** Website des deutschsprachigen Inselmagazins mit Nachrichten, Veranstaltungstipps und Restaurantbeschreibungen.

❯ **www.lanzarote-exklusiv.com:** Lanzarote-Magazin mit Anregungen für den Urlaub.

❯ **www.lanzarotelive.de:** Außer der üblichen „Urlaubsplanung", d. h. Vermittlung von Unterkünften und Mietautos, gibt es eine kurze Präsentation der Inselorte und Infos zu Kultur und Geschichte.

❯ **www.comerenlanzarote.es:** Zeigt ausgewählte Restaurants der einzelnen Gemeinden

❯ **www.lanzaroteagenda.com:** Veranstaltungskalender

❯ **www.centrosturisticos.com:** Infos zu den Manrique-Highlights und Preisinfos

Publikationen und Medien

Auf Lanzarote erscheint mehrmals im Jahr die deutschsprachige Zeitschrift **Lanzarote 37°** mit Reportagen, Hintergrundberichten und Restaurantbesprechungen.

> www.lavozdelanzarote.com: Wer Spanisch spricht, informiert sich über lokale Ereignisse, Wetteraussichten und Fahrpläne aus der Insel-Tageszeitung *La Voz.*
> www.atlantisfm.de: Radiosender auf 99,3 und 101,7 mit On-Air-Livestream.
> www.radio-europa.fm: Auch den Radiosender (FM 102,5) kann man via Internet empfangen.

Internet

Die Internetcafés auf Lanzarote sterben aus, doch gibt es in jedem Ort Cafés, Bars oder Hotels, die WLAN gratis anbieten. Wer freilich keinen Laptop bzw. Smartphone dabei hat, wird in vielen Hotels kräftig zur Kasse gebeten – für eine Stunde zahlt man oft 5–12 €. Etwas günstiger sind Internetzugänge in Spielhallen *(Salones Recreativos),* wo es aber recht laut zugeht.

Medizinische Versorgung

Gesetzlich krankenversicherte Patienten können sich kostenlos im **Krankenhaus** von Arrecife *(Hospital Doctor José Molina Orosa)* und in den lokalen **Gesundheitszentren** *(Centros de Salud)* behandeln lassen. Vorzulegen sind der Personalausweis und die europäische Krankenversicherungskarte **EHIC** *(European Health Insurance Card),* gültig für alle Länder der EU und die Schweiz.

Meine Literaturtipps

> Juli Zeh, **Nullzeit,** Schöffling & Co. 2012. Eine Tauchbasis auf Lanzarote ist der Schauplatz für die Geschichte zweier zerstörerischer Paarbeziehungen.
> Rafael Arozarena, **Mararía,** Konkursbuch Verlag 2009. Das Meisterwerk des kanarischen Autors spielt in einem archaisch anmutenden Lanzarote, das nicht einmal 100 Jahre zurückliegt. Es erzählt von den Vulkanlandschaften, vor allem aber von der Macho-Kultur, in der selbstständig agierende Frauen keinen Platz haben.
> Silvia Volckmann, **Die Zeit ist schwer zu erzählen auf der Insel,** Konkursbuch Verlag 2011. Hinter dem sperrigen Titel verbirgt sich ein, wie der Untertitel ankündigt, literarisches Lanzarote-ABC: Von „Ankunft" über „César Manrique" bis „Zonzamas" wird alles aufgegriffen, was zum Verständnis der Insel beitragen könnte. Die Autorin verdichtet ihre Beobachtungen und die anderer Schriftsteller zu einem vielschichtigen Lanzarote-Porträt.
> Antonio Lozano, **Harraga,** Verena Zech Verlag 2011. Der auf Gran Canaria lebende Autor schrieb einen Krimi über eines der vielen Flüchtlingsdramen, die sich in den vergangenen Jahren vor den kanarischen Küsten und an der Meerenge von Gibraltar abgespielt haben.
> Rafael Arozarena/Isaac de Vega, **Der Rabe von Samarine,** Konkursbuch Verlag 2013. Zwei kanarische Autoren porträtieren in Kurzgeschichten Lanzarote und Teneriffa vor dem Tourismusboom.

Alle Ärzte, die außerhalb staatlicher Institutionen praktizieren, sind **Privatärzte**. Wer sich bei ihnen behandeln lässt, zahlt die Rechnung bar. Da ihre Erstattung im kassenüblichen Rahmen nicht garantiert ist, empfiehlt es sich, sich durch eine **Auslandszusatzversicherung** ohne Selbstbeteiligung gegen sämtliche Risiken abzusichern. **Deutsche Ärzte** *(médicos)* und **Zahnärzte** *(odontólogos)* haben sich in Puerto del Carmen, Playa Blanca und Costa Teguise (z. B. www.docholiday. net) sowie in kleineren Orten wie Arrieta (www.arzt-lanzarote.de) und Mala niedergelassen.

061:r Abb.: gs

Mit Kindern unterwegs

Für Familien ist Lanzarote eine gute Wahl – nicht zuletzt wegen der flach abfallenden Strände wie in Puerto del Carmen ❿, Playa Blanca ⓲ und Costa Teguise ㊸. Spaß macht der **Tropical Park** in Máguez (s. S. 73), in dem Kinder Flamingos, Papageien und zahlreiche weitere Vögel sehen können; mehrmals täglich gibt es eine Papageien-Show. „Exoten schauen" heißt es auch im **Rancho Texas Park** ⓯ bei Puerto del Carmen, vor der Kulisse eines Wildwest-Dorfes. Einen Streichelzoo bietet **Las Pardelas** ㊳ und im **Aquarium** von Costa Teguise ㊸ dürfen Kinder Fische füttern. Noch näheren Kontakt zu Tieren erleben sie beim Ritt auf dem Kamel, am **Echadero de los Camellos** ㉜ oder bei **Lanzarote a Caballo** (s. S. 100).

Geheimnisvoll ist der Besuch der unterirdischen Lavaröhre von **Cueva de los Verdes** ㊻ und der Vulkanhöhle **Jameos del Agua** ㊼, spannend der Bustrip durch die „Mondlandschaft" des **Nationalparks** ㉛ und die

Simulation eines Vulkanausbruchs im **Besucherzentrum von Mancha Blanca** ㉞. Von allen Museen ist das **Piratenmuseum** in Teguise im Castillo de Santa Bárbara ㊵ das spannendste: Mit Säbel und Schwert ziehen Freibeuter und Korsaren durch die alte Festung.

Bei ruhiger See kann man **Bootsausflüge** unternehmen. Von Playa Blanca schippern Schiffe zu den Papagayo-Stränden ㉔, wo man einen Tag à la Robinson verbringt. Im Glasbodenboot kann man durch Panoramafenster Fischschwärme beobachten, mit etwas Glück flitzt ein Engelshai vorbei. Meerestrips starten auch in Puerto del Carmen ❿ und Puerto Calero ⓱: Mit Windjammer und Katamaran geht's auf Hohe See und im U-Boot zum Meeresgrund hinab. Von Órzola ㊽ im Norden der Insel schippert man an Klippen vorbei zur kleinen Insel La Graciosa (s. S. 83).

◹ *Werden gern bei Festen aufgebaut: Aufblasburgen*

Notfälle

Der **Notruf 112** ist eine Zentrale für alle Notfälle – Polizei, Arzt und Feuerwehr. Anrufe werden auch auf Deutsch beantwortet, der Anschluss ist rund um die Uhr besetzt.

Wird der **Reisepass oder Personalausweis** gestohlen, muss man das bei der örtlichen Polizei melden und zwecks Beschaffung eines für den Rückflug nötigen Ersatzausweises Kontakt mit dem Konsulat aufnehmen (s. „Diplomatische Vertretungen", Seite 120 und „Sicherheit", Seite 124).

Für die Sperrung der Maestro-(EC-) und Kreditkarte gilt die **Sperrnummer** 0049 116116, im Ausland gilt zusätzlich die Nummer 0049 3040504050. Da Österreicher und Schweizer diesen Service vorerst nicht in Anspruch nehmen können, sollten sie vor der Reise bei der zuständigen Bank die für sie geltende Sperrnummer erfragen.

Öffnungszeiten

> **Banken:** meist Mo–Fr 9–14 Uhr, Sa 9–13 Uhr
> **Post:** meist Mo–Fr 9–14 Uhr, Sa 9.30–12 Uhr
> **Behörden:** Mo–Fr 9–14 Uhr
> **Geschäfte:** Supermärkte meist 9–20 Uhr, kleinere Läden Mo–Fr 9–13 und 17–20 Uhr, Sa 9–13 Uhr; in Touristengebieten sind Geschäfte oft auch am Sonntag geöffnet.
> **Kirchen:** meist nur kurz vor und während der Messe
> **Hinweis:** Im Hochsommer öffnen viele Geschäfte nur vormittags, die Banken bleiben samstags geschlossen und auch für Museen gelten eingeschränkte Öffnungszeiten.

Post

Briefmarken *(sellos)* bekommt man beim Postamt *(correos)* und in Tabakläden *(estancos)*, oft auch an der Hotelrezeption. Die offiziellen Briefkästen erkennt man an ihrer gelben Farbe, hier bitte nur Briefe einwerfen, die mit Marken der staatlichen Post frankiert sind. Anders frankierte Briefe werden nicht befördert. Die Laufzeit von Briefen beträgt meist 5–8 Tage, während der Weihnachtsferien zwei bis vier Wochen.

Schwule und Lesben

Eine Homosexuellen-Szene hat sich in Puerto del Carmen ausgebildet. Unter www.lanzarotegayguide.com findet man hilfreiche Adressen jedweder Art.

Sicherheit

Die Arbeitslosigkeit ist hoch, deshalb bleibt man auch auf Lanzarote vom Diebstahl-Risiko nicht verschont. Im Mietwagen sollte man Wertgegenstände nie unbeaufsichtigt zurücklassen. Auch an stark besuchten Stränden ist Vorsicht geboten. Für Wertsachen und Dokumente, die in der Unterkunft verloren gehen, haften Hotels nur, wenn diese im Safe – gegen Quittung und Gebühr – deponiert wurden.

Wird man trotz aller Vorsichtsmaßnahmen Opfer eines Diebstahls, so muss, um spätere Ansprüche bei der Versicherung geltend machen zu können, ein **Polizeiprotokoll** angefertigt werden. Wer kein Spanisch spricht, lässt sich, bevor die Meldung *(denuncia)* bei der Polizeistelle *(Guardia Ci-*

vil) erfolgt, beim Konsulat (s. S. 120) ein zweisprachiges Formblatt (Schadensmeldung) ausstellen. Wurde der Personalausweis gestohlen, so wird ein **Ersatzausweis** erst dann vom örtlichen Konsul ausgestellt, wenn diesem die Anzeige- und Verlustbestätigung der örtlichen Polizeibehörde vorliegt, dazu zwei Passfotos und möglichst auch eine Kopie des gestohlenen Ausweises.

Spanisch für die Kanarischen Inseln

Dieser kleine Band ist bestens geeignet für die schnelle Verständigung, v. a. für Einsteiger. Er enthält Ausspracheregeln, Wörterlisten und wichtige Redewendungen. Und ganz nebenbei lernt man nebst sprachlicher einige kulturelle Besonderheiten der Kanarier kennen.
Spanisch für die Kanarischen Inseln – Wort für Wort, Kauderwelsch Band 161, REISE KNOW HOW Verlag, Bielefeld.

Sprache

Die „Kleine Sprachhilfe" im Anhang (s. S. 132) soll dabei helfen, sich außerhalb der Hotelumgebung zurechtzufinden. Durch einen freundlichen Gruß in Spanisch sammeln Sie immer Pluspunkte! Damit man beim Essen nichts Falsches bestellt, gibt es dort auch ein „Gastronomisches Glossar".

Touren

Will man einen groben Überblick über die Insel gewinnen und dabei aufs Auto verzichten, wählt man am besten den Doppeldecker von **Lanzarote Vision**. Er macht es möglich, sich eine eigene Rundreise zusammenzustellen und an über 20 wichtigen Punkten der Insel ein- und auszusteigen (Abfahrt alle 60–90 Min.). Die Karte

△ *Alles frisch angeschrieben – im Restaurant Amêndoa (s. S. 53)*

063r Abb.: gs

gilt für einen Tag und kann an der Hotelrezeption und allen Orten, die auf der in Hotels und bei Touristeninfos ausliegenden Karte angegeben sind, erstanden werden.

Außerdem liegen in fast allen Hotels Prospekte mit Tourenangeboten diverser Veranstalter aus. Groß ist das Interesse an der Inselrundfahrt im Bus mit Museumsbesuchen und kanarischem Mittagessen. Außerdem gibt es organisierte Rad-, Buggy- und Quad-Touren sowie geführte Wanderungen (s. S. 94). Hochseeangeltouren und Schiffsausflüge starten in allen Hafenorten (s. Bootsausflüge s. S. 92).

› **Bus Turístico (Lanzarote Vision)**, Tel. 928511089, www.lanzarotevision.es, Tageskarte 19,50, Kinder 17,50 €

⌃ *Diesen bizarren Skulpturengarten finden Sie an Teguises westlichem Ortseingang*

Telefonieren

Die **Vorwahl** für Lanzarote von Deutschland, Österreich und der Schweiz lautet 0034 für Spanien, dann folgt die neunstellige Nummer des Anschlussinhabers. Bei Gesprächen von Lanzarote ins Ausland wählt man 0049 für Deutschland, 0043 für Österreich und 0041 für die Schweiz, danach die Ortsvorwahl ohne Anfangsnull und die Rufnummer des Teilnehmers.

Das eigene **Mobiltelefon** lässt sich auf Lanzarote problemlos nutzen. Wegen hoher Gebühren sollte man bei seinem Anbieter nachfragen, welcher der **Roamingpartner** günstig ist und diesen per manueller Netzauswahl voreinstellen. Nicht zu vergessen sind die passiven Kosten, wenn man von zu Hause angerufen wird (Mailbox abstellen!). Der Anrufer zahlt nur die Gebühr ins heimische Mobilnetz, die teure Rufweiterleitung ins Ausland zahlt der Empfänger.

Besorgt man sich allerdings eine **Prepaid-Karte** *(tarjeta prepago)* und tauscht diese gegen die deutsche SIM-Karte (Handy muss lock-frei sein), zahlt man für ankommende Anrufe nichts; günstig ist es auch, sich von vornherein auf SMS zu beschränken, der Empfang ist in der Regel kostenfrei.

Uhrzeit

Nach der Ankunft auf Lanzarote muss man die Uhr um eine Stunde zurückstellen.

Unterkunft

Pauschal und individuell

Die meisten Lanzarote-Urlauber buchen **pauschal** und wohnen in den Ferienorten an der geschützten Ostseite der Insel. Dabei wird es immer

„deutscher", je weiter man nach Süden vorstößt. Viele Hotelzimmer und Apartments gibt es in Costa Teguise ㊸, Puerto del Carmen ➓ und Puerto Calero ⓱ sowie in Playa Blanca ⓲.

Auch abseits der Touristenzentren gibt es schöne Unterkünfte, teils an der Küste, teils im Landesinnern. Das Angebot reicht von Pensionen und Privatzimmern über Apartments bis zu Hotels und Landhäusern. Günstige Unterkünfte findet man v. a. in Haría ㊾, Caleta de Famara ㊽, Arrieta/Punta Mujeres ㊼ und Órzola ㊽.

Urlaub im Landhaus

Historische Häuser, restauriert und ländlich eingerichtet, doch mit allem Komfort sind über die ganze Insel verstreut (z. B. in Yaiza ㉘, Uga ㉙ und an der Weinstraße La Geria ㊷). Über das wachsende Angebot informiert

☑ *Ein schönes Landhaus –*
Casona de Yaiza (in Yaiza ㉘)

064/r Abb.: gs

065lr Abb.: pdl

man sich auf den Internetseiten der auf Landurlaub spezialisierten Agenturen. Fast immer erfolgt die Vermietung der Häuser auf Wochenbasis.

> **www.ecoturismocanarias.com:** Mitglieder der Vereinigung „Turismo Rural"
> **www.lanzarote-arrieta.de:** *Rolf Jonas* vermietet Unterkünfte in Arrieta, Punta de Mujeres, Órzola und Haría.
> **www.finca-selection.de/www.casas-lanzarote.de:** Häuser in und um Teguise
> **www.fincaferien.de, www.janke-reisen. de** und **www.islas-canarias-reisen.de:** auch auf Lanzarote aktiv
> **www.castillodepapagayo.com:** Urlaub im FKK-Dorf Charco del Palo

Campingurlaub

„Wildes Zelten" ist offiziell nicht erlaubt. Nur an den Playas de Papagayo sowie auf der Insel La Graciosa findet man Campingflächen, auf denen (vorerst noch!) nach vorheriger Anmeldung gratis gezeltet werden kann.

> **Playas de Papagayo** <134> Playa de Puerto Muelas, Monumento Natural de Los Ajaches, Tel. 928173724 (Oficina del Camping), Tel. 928836220 (Ayuntamiento/Rathaus der Gemeinde Yaiza), nur Juni–Sept.

> **La Graciosa** <135> Playa de El Salado (10 Gehmin. südwestlich Caleta del Sebo), buchbar über Tel. 928845985 (Area de Medio Ambiente/Teguise) oder Tel. 928842000 (Rathaus vor Ort), online www.reservasparquesnacionales. es, „Isla de La Graciosa" anklicken.

Reservierung

Wer in einer Unterkunft ohne Voranmeldung eintrifft, kann Pech haben – und dies nicht nur während der Weihnachts- und Osterferien. Es empfiehlt sich, mindestens zwei Tage im Voraus anzurufen und das Zimmer zu reservieren – ein paar Spanisch-Sprachkenntnisse erweisen sich als nützlich (s. „Kleine Sprachhilfe", s. S. 132). Die Vorwahl für Spanien lautet 0034, es folgt die Telefonnummer der gewünschten Unterkunft.

066lr Abb.: gs

[‹] *Renaissance traditioneller Architektur – dank César Manrique (hier: Monumento al Campesino)*

[⌂] *Im Timanfaya Palace am Playa Blanca*

Preiskategorien Unterkünfte

Um dem Leser eine Vorstellung zu vermitteln, wie teuer die in diesem Buch vorgestellten Unterkünfte sind, wurden diese in vier Preisklassen unterteilt. Die Preise gelten jeweils für ein Doppelzimmer ohne Frühstück. Für ein Einzelzimmer zahlt man in der Regel 70 % des Preises für ein DZ.

Untere Preisklasse	€	bis 45 Euro
Mittlere Preisklasse	€€	45–90 Euro
Obere Preisklasse	€€€	90–130 Euro
Luxuspreisklasse	€€€€	über 130 Euro

Verkehrsmittel

Bus

Busse *(guaguas)* sind preiswert. Die Gepäckstücke (aber keine Fahrräder!) werden kostenlos befördert. Fast alle wichtigen Orte sind ans Liniennetz angeschlossen, doch werden sie oft nur ein- oder zweimal pro Tag angesteuert. Am Busbahnhof von Arrecife oder auch beim Busfahrer kann man eine Tarjeta BONO BBL kaufen, mit der sich die Fahrten um etwa 20 % verbilligen. Fahrplan-Infos gibt es unter www.intercitybuslanzarote.es und bei den Touristenbüros.

Taxi

Haltestellen für Taxis gibt es in allen größeren Orten. Einige Taxis rechnen nach der offiziellen Preisliste *(lista de precios)* ab, andere sind mit Taxameter ausgerüstet. Es gibt einen Flughafen- und Hafen-, Nacht- und Gepäckzuschlag.

Flug und Fähre zu den Nachbarinseln

Von Lanzarote bietet Binter täglich mehrere **Direktflüge** nach Gran Canaria und Teneriffa. Der Flughafen liegt im Osten der Insel, knapp südlich der Hauptstadt Arrecife.

Schnellfähren fahren von Playa Blanca nach Corralejo auf **Fuerteventura** (s. Extratipp, Seite 36) und Fähren fahren mehrmals wöchentlich von Arrecife nach **Gran Canaria**. Die Reederei Olsen bietet ab Puerto del Carmen nach Playa Blanca morgens und abends einen Gratis-Bus. Auf die kleine Insel La Graciosa gelangt man ab Órzola mit der Reederei Romero bzw. Biosfera Express.

☐ *Mit der Fähre von Playa Blanca nach Fuerteventura*

Die aktuellen **Abfahrtszeiten und Preise** erfährt man in den Reisebüros vor Ort oder online:

Fähren
❭ www.fredolsen.es
❭ www.naviera-armas.com
❭ www.trasmediterranea.es
❭ www.lineasromero.com
❭ www.biosferaexpress.com

Flieger
❭ www.bintercanarias.com

Wetter und Reisezeit

Lanzarote hat das ganze Jahr über ein angenehmes Klima, auf den milden Winter folgt ein warmer Sommer. Dabei ist der Nordostpassat vorherrschend. Da er von keinem größeren Bergmassiv aufgehalten wird, sind die Wolken in nur geringem Maße zum Aufsteigen und zu Nebelbildung

gezwungen. Darum hat Lanzarote neben Fuerteventura die geringsten Niederschläge der Kanaren: nur 150–200 mm pro Quadratmeter und Jahr. Der einzige stärkere Regen fällt zur Winterzeit im Rahmen der seltenen Südwestwetterlagen.

Für die Urlauber bedeutet das ein nahezu ungestörtes Sonnenvergnügen. Die Tagestemperaturen liegen bei 20–28 °C, auch nachts ist es mit 12–20 °C angenehm mild. Der über das Meer heranwehende Wind sorgt dafür, dass man es nie als zu heiß empfindet. Nur wenn er mal auf Ost oder Südost schwenkt, kann kontinentale Hitze auf die Insel vorstoßen. Auf den Kanaren spricht man dann vom „Calima": Der herangewehte Wüstenstaub kann so dicht werden, dass der Flugverkehr eingestellt wird. Was für die Luft-, gilt auch für die Wassertemperatur: Auf Lanzarote kann das ganze Jahr über gebadet werden!

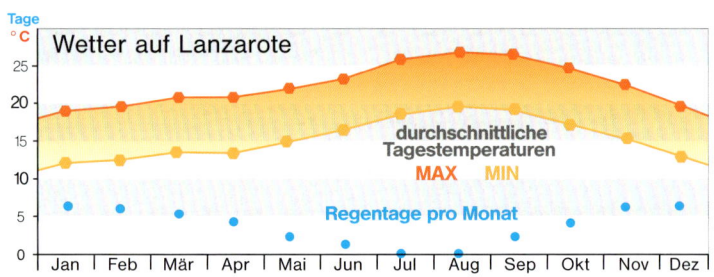

Anhang

068lr Abb.: gs

Kleine Sprachhilfe

Betonung und Aussprache

Bei der **Betonung** gilt es, folgende **Grundregeln** zu beachten:

❯ Aufeinanderfolgende Vokale werden getrennt gesprochen, jedoch nicht abgehackt, sondern elegant verschliffen *(soy, baile)*.
❯ Mehrsilbige Wörter, die auf Vokal, n oder s enden, werden auf der vorletzten Silbe betont *(uno, peseta, buenas tardes)*. Ausnahmen werden mit einem Betonungs-Akzent gekennzeichnet *(adiós, pensión)*.
❯ Wörter, die auf einen Konsonanten (außer n und s) enden, müssen auf der letzten Silbe betont werden *(hotel, ayer)*.
❯ Wörter, die auf Vokal plus y enden, werden gleichfalls auf der letzten Silbe betont *(estoy)*.

Die **Aussprache** der folgenden Buchstaben(-kombinationen) weicht vom Deutschen ab:

c	vor dunklen Vokalen wie k *(casa)*, vor hellen Vokalen wie engl. stimmloses th *(gracias)*
ch	wie tsch *(ocho)*
h	wird nicht gesprochen *(hola)*
j	wie ch in „acht" *(Juan)*
ll	wie j *(valle)*
ñ	wie nj *(mañana)*
qu	wie k *(queso)*
s	wie ss *(casa)*
y	wie j *(apoyo)*, am Wortende wie i *(hoy)*
z	wie engl. stimmloses th *(diez)*

Das **umgedrehte Fragezeichen** (¿) vor dem Fragesatz ist eine typisch spanische Besonderheit. Analog wird vor dem Befehlssatz ein umgedrehtes Ausrufezeichen (¡) gesetzt.

Wichtige Redewendungen und Begriffe

Allgemeines

Guten Morgen!, Guten Tag (vormittags)!	*¡Buenos días!*
Guten Tag (nachmittags)!	*¡Buenas tardes!*
Guten Abend, Gute Nacht!	*¡Buenas noches!*
Auf Wiedersehen!	*¡Adiós!*
Tschüss!	*¡Hasta luego!*
Vielen Dank!	*¡Muchas gracias!*
Sprechen Sie Deutsch?	*¿Habla Usted alemán?*
ja, nein	*sí, no*
ein wenig	*un poco*
nichts	*nada*
Wie geht es Ihnen?	*¿Cómo está Usted?*
Entschuldigen Sie!	*¡Perdón!*
Einen Augenblick, bitte!	*¡Un momento, por favor!*
Wo liegt ...?	*¿Dónde está ...?*
Wie heißt ...?	*¿Cómo se llama ...?*
Wann ist ... geöffnet?	*¿A que hora está abierto ...?*

Wie spät ist es?	¿Qué hora es?
Haben Sie ...?	¿Tiene ...?
Gibt es ...?	¿Hay ...?
Ich möchte gern ...	Quisiera ...
Ich brauche ...	Necesito ...
rechts/links	a la derecha/a la izquierda
geradeaus	todo derecho
oben/unten	arriba/abajo
heute	hoy
morgen	mañana
gestern	ayer
von ... bis	de ... hasta
Lassen Sie mich bitte in Ruhe!	¡Por favor, déjeme en paz!
Hör sofort auf!	¡Basta ya!
Hilfe!	¡Socorro!

Unterkunft

Hotel, Apartment, Pension	hotel, apartamento, pensión
Landhaus	casa rural
Haben Sie ein Einzel-/Doppelzimmer?	¿Tiene una habitación individual/doble?
mit eigenem Bad	con baño propio
Wie viel kostet es?	¿Cuánto cuesta?
mit Frühstück	con desayuno
mit Halb-/Vollpension	con media pensión/pensión completa
Kann ich das Zimmer sehen?	¿Puedo ver la habitación?

Restaurant

Die Speisekarte (Weinkarte), bitte!	¡La carta (carta de vinos), por favor!
Kellner, Kellnerin	camarero, camarera
Hören Sie! (Anrede der/s Kellners/in)	¡Oiga, por favor!
Ich möchte etwas essen (trinken).	Quisiera comer (beber) algo.
Guten Appetit!	¡Qué aproveche!
Prost!	¡Salud!
Die Rechnung bitte!	¡La cuenta, por favor!
Wo ist die Toilette?	¿Dónde están los servicios?

Einkaufen

Wo ist der Markt?	¿Dónde está el mercado?
Gibt es auch eine Fischhalle?	¿Hay también una pescadería?
Laden	tienda
Bäckerei	panadería
Apotheke	farmacia
Wie viel kostet das?	¿Cuánto cuesta?
Das ist teuer/billig.	¡Es caro/barato!
Das gefällt mir!	¡Esto me gusta!
Das ist alles!	¡Más nada!
Kann ich mit Kreditkarte bezahlen?	¿Puedo pagar con tarjeta de crédito?

Kleine Sprachhilfe

Autoverleih

das Auto	*el coche*
der Vertrag	*el contrato*
der Führerschein	*el permiso de conducir*
der Preis	*el precio*
die Kreditkarte	*la tarjeta de crédito*
Benzin bleifrei	*gasolina sin plomo*
die Tankstelle	*la gasolinera*
die Straße	*la carretera*
der Parkplatz	*el aparcamiento*
Wo kann man ein Auto mieten?	*¿Dónde se puede alquilar un coche?*

Wochentage

Montag	*lunes*
Dienstag	*martes*
Mittwoch	*miércoles*
Donnerstag	*jueves*
Freitag	*viernes*
Samstag	*sábado*
Sonntag	*domingo*

Monate

Januar	*enero*
Februar	*febrero*
März	*marzo*
April	*abril*
Mai	*mayo*
Juni	*junio*
Juli	*julio*
August	*agosto*
September	*septiembre*
Oktober	*octubre*
November	*noviembre*
Dezember	*diciembre*

Zahlen

1	*uno, una*
2	*dos*
3	*tres*
4	*cuatro*
5	*cinco*
6	*seis*
7	*siete*
8	*ocho*
9	*nueve*
10	*diez*

Gastronomisches Glossar

aceite	Öl
aceitunas	Oliven
agua mineral	Mineralwasser
– *con gas*	mit Kohlensäure
– *sin gas*	ohne Kohlensäure
aguacate	Avocado
ahumado	geräuchert
ajo	Knoblauch
al ajillo	mit Knoblauch zubereitet
al salmorejo	in pikanter Weinsoße
albóndigas	Fleischklöße
alcachofas	Artischocken
alfajores majoreros	Honigmandelgebäck
almejas	Herzmuscheln
anchoas	Sardellen
arepas	gefüllte Teigtaschen
arroz	Reis
asado	gebraten
atún	Thunfisch
azúcar	Zucker
bacalao	Kabeljau
batata	Süßkartoffel
bebida	Getränk
berro	Kresse
bien hecho	ganz durch
bienmesabe	Mandelmus
bocadillo	belegtes Brötchen
bonito	kleiner Thunfisch
boquerones	Sardellen
caballa	Makrele
café solo	Espresso

café cortado	Espresso mit etwas Milch	espinacas	Spinat
		estofado	Schmorbraten
café con leche	Milchkaffee	flan	Karamelpudding
calamares	panierte	fresa	Erdbeere
a la romana	Tintenfischringe	fresco	frisch
calamares	Tintenfisch	frito	gebacken
en su tinta	in eigener Soße	fruta del mar	Meeresfrüchte
caldo	Brühe	fruta	Obst
caldo de pescado	Fisch- und Meeresfrüchtesuppe	gallina	Huhn
		gambas	Garnelen
caña	Bier vom Fass	garbanzos	Kichererbsen
carajillo	Espresso mit Brandy	gazpacho	kalte Gemüsesuppe
carne	Fleisch	gofio	Mehl aus geröstetem Getreide
carne de buey	Ochsenfleisch		
carne de cabra	Ziegenfleisch	guisado	Schmorfleisch mit Soße und Kartoffeln
carne de cerdo	Schweinefleisch		
carne de cordero	Lammfleisch	guisantes	Erbsen
carne de ternera	Kalbfleisch	helado	Speiseeis
carne de vaca	Rindfleisch	hielo	Eis (zum Kühlen)
casero	hausgemacht	hierbas	Kräuter
cazuela	Fischgericht mit Kartoffeln	higado	Leber
		huevo	Ei
cerveza	Flaschenbier	huevo duro	hartes Ei
chicharrones	in Gofio gewälzte Speckgrieben	huevo pasado	weiches Ei
		huevo frito	Spiegelei
chorizo	Paprikawurst	huevos revueltos	Rührei
chuleta	Kotelett	jamón	gekochter Schinken
churros con chocolate	frittierte Hefekringel mit Schokolade	jamón serrano	luftgetrockneter Schinken
clacas	einheimische Muschelart	jugo	Saft
		langosta	Languste
cochinillo	Spanferkel	langostinos	Königskrabben
cocido	(1) gekocht, (2) Fleisch- und Gemüseeintopf	lapa	Napfschnecke
		leche	Milch
		leche condensada	Büchsenmilch
conejo	Kaninchen	lechuga	grüner Salat
consomé	Kraftbrühe	legumbres	Gemüse, Hülsenfrüchte
corvina	Schattenfisch		
crema	Creme, Suppe	lenguado	Seezunge
crudo	roh	lentejas	Linsen
dulces	Süßigkeiten	limón	Zitrone
embutido	Wurst	lomo	Rückenstück
empanada	gefüllte Teigtasche	mantequilla	Butter
ensalada	Salat	manzana	Apfel
entrecot	Rumpsteak	mariscos	Meeresfrüchte
escaldón	Brühe mit gofio	media ración	halbe Portion
escalope	Schnitzel	medio hecho	halb durch

Kleine Sprachhilfe

mejillones	Miesmuscheln	*queso de almendras*	Mandelkuchen
menú del día	Tagesmenü	*queso del*	Käse aus
merluza	Seehecht	*país majorero*	Fuerteventura
mero	Zackenbarsch	*ración*	große Portion
mojo rojo	rote Soße mit	*ron miel*	Rum mit Honig
	Chilischoten und	*ropa vieja*	Fleischgericht mit
	Knoblauch		Kichererbsen
mojo verde	grüne Soße mit Kori-	*sal*	Salz
	ander und Knoblauch	*salchichas*	Würstchen
morcilla	Blutwurst	*salsa*	Soße
morcilla dulce	Blutwurst mit	*sama*	Rotbrasse
	Mandeln u. Rosinen	*salmón*	Lachs
mousse au chocolat	Schokoladenmus	*sancocho*	Fisch mit Süßkar-
paella	Reisgericht mit		toffeln und Gemüse
	Meeresfrüchten,	*sangría*	Rotweinbowle
	Fleisch und Gemüse		mit Zitrusfrüchten
pan	Brot	*solomillo*	Filetsteak
panecillo	Brötchen	*sopa*	Suppe
papas	Kartoffeln	*tapa*	kleines Tellergericht,
papas fritas	Pommes frites		Zwischenmahlzeit
papas arrugadas	Kartöffelchen	*tarta*	Torte
	mit Salzkruste	*té*	Tee
parrillada	Grillplatte	*tollo*	Trockenfisch
pata de cerdo	zartes	*tortilla española*	Omelett mit
	Schweinefleisch		Kartoffelstücken
pechuga	Brust	*tortilla francesa*	Omelett
percebes	Entenmuscheln	*truchas con batatas*	Gebäck mit
pescado	Fischgericht		Süßkartoffelmus
pez	Fisch	*truchas con*	Gebäck mit Faser-
pez espada	Schwertfisch	*cabello de ángel*	melonenkonfitüre
pimienta	Pfeffer	*turrón*	feste, süße Masse
pimiento	Paprikaschote		aus Mandeln u. Eiern
pimientos	frittierte kleine	*vegetariano*	vegetarisch
de Padrón	Paprika	*verdura*	Gemüse
pincho, pinchito	Spieß	*vieja*	karpfenähnlicher
plátano	Banane		Fisch
pollo	Hähnchen	*vinagre*	Essig
potaje	Gemüseeintopf	*vino*	Wein
puchero	Eintopf aus Fleisch	*vino blanco*	Weißwein
	und Gemüse	*vino rosado*	Roséwein
pulpo	Krake, Oktopus	*vino tinto*	Rotwein
queso ahumado	geräucherter Käse	*vino dulce*	süßer Wein
queso curado/duro	reifer Käse	*vino semiseco*	halbtrockener Wein
queso semicurado/	halbreifer Käse	*vino seco*	trockener Wein
semiduro		*vino de la casa*	Tafelwein
queso tierno	Frischkäse	*zarzuela*	Fischeintopf
queso a la brasa	gegrillter Ziegenkäse	*zumo*	Saft

Liste der Sehenswürdigkeiten (s. Faltplan)

Weitere Titel für die Region von REISE KNOW-HOW

Spanisch für die Kanarischen Inseln
Wort für Wort

Izabella Gawin und Dieter Schulze
978-3-89416-465-2
160 Seiten
Band 161
Umschlagklappen mit Aussprache und
wichtigen Redewendungen, Wörterlisten
Spanisch – Deutsch, Deutsch – Spanisch

7,90 Euro [D]

AusspracheTrainer
Spanisch für die Kanarischen Inseln

Izabella Gawin, Peter Schulze, Dieter Schulze
978-3-8317-6085-5
Ca. 60 min Laufzeit
Die wichtigsten spanischen Vokabeln und
Floskeln aus dem Reisealltag
Muttersprachler sprechen vor, mit Nach-
sprechpausen und Kontrollwiederholungen

7,90 Euro [D]

Im Kauderwelsch Sprachführer sind Grammatik und Aussprache einfach und schnell erklärt. Wort-für-Wort-Übersetzungen machen die Sprachstruktur verständlich und helfen, das Sprachsystem kennen zu lernen. Die Kapitel sind nach Themen geordnet, um sich in verschiedenen Situationen zurechtfinden und verständigen zu können – vom ersten Gespräch bis zum Arztbesuch. In einer Wörterliste sind die wichtigsten Vokabeln alphabetisch einsortiert und ermöglichen so ein rasches Nachschlagen. Einige landeskundliche Hinweise runden diese handlichen Sprachführer ab.

www.reise-know-how.de

Register

Register

Schreiben Sie uns

Dieser InselTrip-Band ist gespickt mit Adressen, Preisen und Infos. Nur vor Ort kann überprüft werden, was noch stimmt, was sich verändert hat, ob ein Hotel immer noch empfehlenswert ist oder nicht mehr usw. Unsere Autoren sind zwar stetig unterwegs, aber auf die Mithilfe von Reisenden können sie nicht verzichten.

Darum: Schreiben Sie uns, was sich geändert hat, was besser sein könnte, was gestrichen bzw. ergänzt werden soll. Wenn sich die Infos direkt auf das Buch beziehen, würde die Seitenangabe uns die Arbeit sehr erleichtern. Gut verwertbare Informationen belohnt der Verlag mit einem Sprechführer Ihrer Wahl aus der über 220 Bände umfassenden Reihe „Kauderwelsch".

Bitte schreiben Sie an:
REISE KNOW-HOW Verlag Peter Rump GmbH, Postfach 140666, D-33626 Bielefeld, oder per E-Mail an: info@reise-know-how.de

Danke!

Bildnachweis

Die Kürzel an den Abbildungen stehen für folgende Fotografen, Firmen und Einrichtungen. Wir bedanken uns für die freundliche Abdruckgenehmigung.

gs	Izabella Garwin, Dieter Schulze (Autor)
Cover	fotolia.com ©boje10
pdl und S. 4	Patronato de Lanzarote
fo	fotolia.com
wp	wikipedia
dt	dreamstime.com

Mit PC, Smartphone & Co.

Unsere **kostenlosen Begleitservices** unter **www.reise-know-how.de** (auf der Produktseite dieses Titels):

★ **Alle Ortsmarken des Buches unter Google Maps™:** Springen Sie im Internet direkt aus unseren thematischen Listen an den genauen Punkt auf der Karte. Luftbildansichten, Fotos und die Streetview-Funktion zeigen ein genaues Bild des Objektes und seiner Umgebung. Weitere Funktionen wie Routenplaner und Verkehrsplan erleichtern die Orientierung vor Ort.

★ Smartphone-Nutzern empfiehlt sich der direkte Aufruf dieses Online-Kartenservices als Web-App unter: http://it-lanzarote.reise-know-how.de

★ **Faltplan als PDF mit Geodaten:** Nach dem Speichern auch mobil nutzbar auf allen Geräten mit PDF-Reader. Der aktuelle Acrobat Reader™ stellt Zusatzfunktionen für die Geodaten bereit. Für iPhone/iPad empfiehlt sich die App „PDF Maps" von Avenza™.

★ **GPS-Daten aller Ortsmarken:** einfacher Import in GPS-Geräte, Navis und Geosoftware auf PCs und mobilen Geräten

★ **Kapitel „Praktische Reisetipps" als kostenloses PDF:** Nach dem Speichern auch mobil nutzbar auf allen Geräten mit PDF-Reader. Darüber hinaus kann das Buch insgesamt oder eine persönliche **Auswahl einzelner Seiten als PDF käuflich erworben** werden.

Zeichenerklärung

⑪	Sehenswürdigkeit
[D6]	Verweis auf Planquadrat im Insel-Faltplan
❄	Aussicht, Mirador
🏰	Burg, Schloss
⛺	Camping
🗿	Denkmal
✈	Flughafen
⛳	Golfplatz
▲	Höhenpunkt
⋒	Höhle
⛪	Kirche, Kloster
🗼	Leuchtturm
🏛	Museum
🐎	Reiten
★	Sehenswürdigkeit
📡	Sendeturm
⚓	Strand
🏄	Surf-Spot
⛽	Tankstelle
🦌	Tiergehege
🌾	Windmühle
↑	Windrad
—	Wanderung (s. S. 95)

Symbole in den Stadtplänen

★	Sehenswürdigkeit
❶	Touristeninformation
Ⓢ	Bank
🏛	Museum
⛪	Kirche
✉	Post
➕	Krankenhaus/Arzt
Ⓗ	Haltestelle
❌	Taxi
🅿	Parkplatz
🟥	Übernachtungen
🟦	Essen und Trinken
🟩	Einkaufen
🟧	Nachtleben
🟦	Sonstiges